● 중한대역 시리즈 5 ●

손오공
· 孫悟空 ·

여러분의 외국어학습에는
동인랑이 성실한 동반자가 되어줄 것입니다.

손오공
· 孫悟空 ·

김혜경 편저

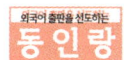

머리말

　중국어에 관심이 있는 사람이라면 더 나아가 큰 국토와 풍부한 물적 자원, 12억이나 되는 인구와 무엇보다도 오랜 역사를 가진 중국을 이해하고자 할 것입니다. 그 나라를 알려고 한다면 직접적으로 그곳을 방문하여 현지 사람들과 교류하며 살면서 체험할 수도 있고 간접적으론 각종 서적을 통하여 그 나라의 정치·경제·사회·문화·역사 등을 접할 수 있습니다. 역자는 이 책을 통하여 작게나마 중국인의 정서와 생활모습을 엿볼 수 있고 아울러 중국어 학습도 겸하길 바라며 편역 하였습니다.

　이 책은 우리에게 잘 알려진 소설이나 사람들의 입과 입을 통해 전해진 구전들을 쉽게 접할 수 있도록 내용과 문장의 구성이 쉽고 간단하게 이루어져 있으며 중국인들의 생활 습관과 생각 등도 재미있게 엮어져 있어 중국어 공부에 더욱 흥미를 줄 수 있을 것입니다. 또한 고문에 사용되는 어구(語句)들도 사용되어 중국어를 보다 폭넓게 배울 수 있습니다.

　이 책을 더욱 흥미 있게 읽으려면 역자의 해석에 의존하지 않고 독자 스스로 한 문장, 한 문장 읽어나가면서 전체의 의미를 파악하고 흐름을 이해하는 것이 좋습니다.

　어느 정도 중국어의 기본 단어와 문장, 문법을 익힌 사람이라면 고대 중국인에 대한 이야기를 재미있게 읽으면서 단어와 문법도 익히고 번역 공부도 할 수 있을 것입니다. 또한 중국 문학을 공부한 사람이라면 고문에서 많이 사용되는 4자 성어의 필요성을 간절히 느끼는데 그 4자 성어도 풍부하게 실려있어 중급 이상의 학습자들에게 많은 도움이 될 것입니다. 끝으로, 중국어를 공부하는 독자들이 소기의 성과를 얻을 때까지 정진하기를 바라며, 이 책이 조금의 도움이 되었으면 합니다.

김혜경 씀

손오공 차례

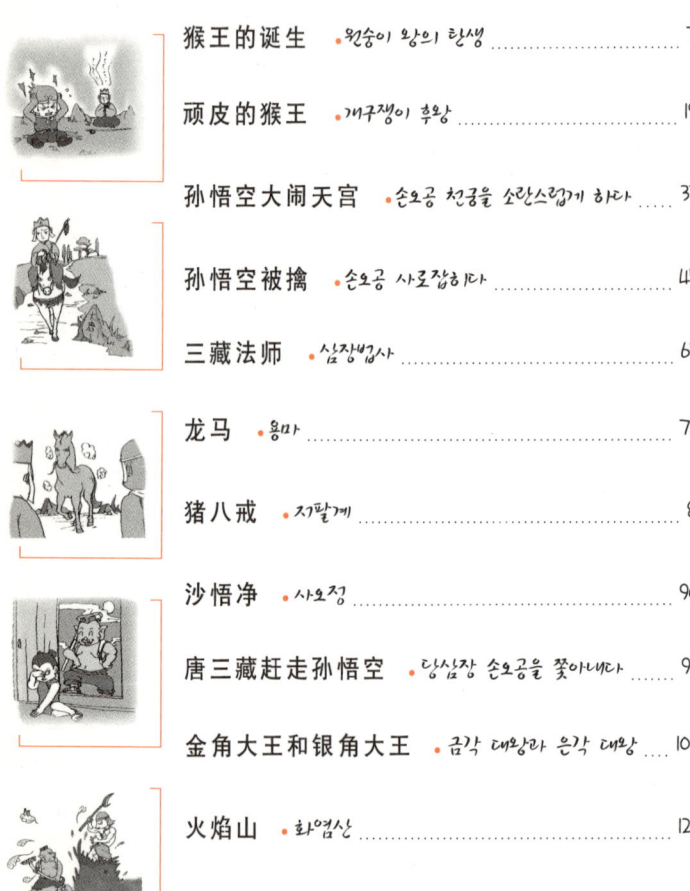

猴王的诞生 • 원숭이 왕의 탄생 7

顽皮的猴王 • 개구쟁이 후왕 19

孙悟空大闹天宫 • 손오공 천궁을 소란스럽게 하다 33

孙悟空被擒 • 손오공 사로잡히다 45

三藏法师 • 삼장법사 65

龙马 • 용마 76

猪八戒 • 저팔계 81

沙悟净 • 사오정 90

唐三藏赶走孙悟空 • 당삼장 손오공을 쫓아내다 95

金角大王和银角大王 • 금각 대왕과 은각 대왕 109

火焰山 • 화염산 126

旅行的结束 • 여행의 종결 148

원숭이왕의 탄생

很久很久以前,在遥远东方的海上,有一座很高的山,名叫花果山。山顶上有块石头,又高又大。自从开天辟地以来,这块石头一直吸收着日月的精华,就渐渐地有了灵气。有一天,"轰隆"一声巨响,这块石头突然崩裂了,在碎石纷飞中,滚出一个像皮球一般大的石蛋来。不久,从这个石蛋里面,竟然跳出一只石猴子。

他的长相跟一般的猴子倒没有两样，
tā de zhǎng xiàng gēn yì bān de hóu zi dào méi yǒu liǎng yàng
但是他的眼睛却射出闪闪的金光，非
dàn shì tā de yǎn jing què shè chu shǎn shǎn de jīn guāng fēi
常奇特。
cháng qí tè

生词

- 遥远　　　形 yáoyuǎn 아득히 먼, 요원한
- 顶　　　　名 dǐng 꼭대기
- 块　　　　量 kuài 덩어리 또는 조각 모양의 물건을 세는데 쓰는 단위
- 自从　　　介 zìcóng …에서, …부터
- 开天辟地　kāi tiān pì dì 천지 개벽
- 一直　　　副 yìzhí 계속해서, 끊임없이
- 吸收　　　动 xīshōu 흡수하다, 빨아들이다
- 精华　　　名 jīnghuá 정수, 정기
- 渐渐　　　副 jiànjiàn 점점, 점차
- 灵气　　　名 língqì 신기하고 이상한 기운
- 轰隆　　　象声 hōnglōng 쾅, 우르르, 덜커덕
  ☞ 천둥·폭음·수레 등의 소리.
- 突然　　　副 tūrán 갑자기, 돌연
- 崩裂　　　动 bèngliè 쪼개지다, 파열하다

- 碎 　　　動 suì 부서지다
- 纷 　　　形 fēn 뒤섞여 어수선한
- 滚 　　　動 gǔn 구르다, 굴리다
- 像…一般 　xiàng…yìbān …와 같다 ☞ 同 像…一样
- 皮球 　　名 píqiú 공
- 蛋 　　　名 dàn (동물의) 알
- 竟然 　　副 jìngrán 뜻밖에도, 의외로
- 只 　　　量 zhī 마리
- 猴子 　　名 hóuzi 원숭이
- 长相 　　名 zhǎngxiàng 용모
- 倒 　　　副 dào 오히려, 도리어
- 两样 　　形 liǎngyàng 다른, 상이한
- 射 　　　動 shè (빛·열 등이) 발산하다
- 闪闪 　　形 shǎnshǎn 번쩍번쩍한
- 奇特 　　形 qítè 기묘한, 기괴한

아주아주 오래전, 아득히 먼 동쪽 바다에 화과산(花果山)이라는 높은 산이 있었고 그 산꼭대기에는 높고 큰 돌덩이 하나가 놓여 있었다. 천지개벽이래 이 돌덩이는 계속해서 해와 달의 정기를 받아 점차 신기하고 이상한 기운이 감돌았다. 어느날, '쾅'하고 큰 소리가 나더니 돌이 쪼개졌고 부서져 어수선하게 날리는 돌 사이로 공처럼 생긴 큰 알이 하나 굴러 나왔다. 머지 않아 이 알에서 뜻밖에도 돌원숭이 한 마리가 뛰쳐나왔다. 그의 생김새는 도리어 일반 원숭이와 다를 바 없었지만 눈에서 번쩍번쩍 금빛이 나 매우 특이했다.

石猴子初来人间,两眼金光闪闪,抬头望着天空。这一望,金光直冲云霄,却把天上的神仙吓了一跳。神仙们纷纷猜测:"这道金光究竟是从哪里来的呢?"这只顽皮的石猴子,蹦蹦跳跳地跑进树林去了。在那一片树林里,本来就有成群结队的猴子居住在那里。

石猴子和他们长得一模一样，于是很快就混熟了。他整天和别的猴子一块儿，跳树枝枝，抛弹子，翻跟头，从早到晚地玩。有一天，猴子们跑到溪边游玩。水又清又凉舒服极了。在那儿，有一条美丽的大瀑布，从悬崖绝壁上直泻下来。

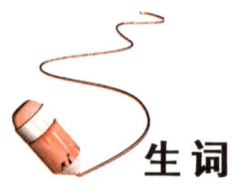

生词

- 抬头　　　動 tái tóu 머리를 들다
- 天空　　　名 tiānkōng 하늘
- 冲　　　　動 chōng 위로 솟다, 솟구치다
- 云霄　　　名 yúnxiāo 높은 하늘, 하늘 끝
- 吓　　　　動 xià 놀라다, 놀라게 하다　☞ 吓了一跳 : 깜짝 놀라다.
- 纷纷　　　副 fēnfēn 계속해서, 잇달아
- 猜测　　　名,動 cāicè 추측하다
- 道　　　　量 dào 강, 하천같이 긴 것을 세는 데 쓰는 단위

- **究竟**   副 jiūjìng 도대체
- **顽皮**   形 wánpí 장난이 심한, 개구쟁이인
- **蹦蹦跳跳**   bèngbèng tiàotiào 활발하게 뛰는 모양, 깡충깡충
- **成群结队**   chéng qún jié duì 떼를 짓다, 무리를 이루다
- **一模一样**   yì mú yí yàng 같은 모양 같은 모습이다, 모양이 똑같다
- **于是**   连 yúshì 이리하여, 그러므로
  - ☞ 두 가지 일이 시간적으로 잇따르는 것을 나타낸다.
- **混熟**   动 hùnshóu 뒤섞여 어울리다
- **跳**   动 tiào (깡충) 뛰다, 건너뛰다
- **抛**   动 pāo 던지다
- **翻跟头**   动 fān gēntou 공중제비(재주넘기)를 하다
- **溪**   名 xī 시내, 시냇물
- **条**   量 tiáo 가늘고 긴 것을 세는 데 쓰는 단위
- **瀑布**   名 pùbù 폭포
- **悬崖绝壁**   xuányá juébì 깎아지른 듯한 절벽
- **泻**   动 xiè 매우 빠르게 흐르다

돌원숭이는 처음 세상에 나와 두 눈에 금빛을 반짝이며 머리를 들어 하늘을 바라보았다. 이때 금빛은 바로 하늘 끝까지 솟구쳐 천상에 있던 신선들이 깜짝 놀랐다. 그들은 잇달아 추측했다. "이 금빛이 도대체 어디에서 오는 겁니까?" 이 개구쟁이 원숭이는 깡충깡충 뛰며 숲으로 들어갔다. 그 숲 속에는 본래 원숭이들이 떼를 지어 살고 있었다. 돌원숭이와 그들은 생김새가 똑같아서 매우 빨리 어울릴 수 있었다. 그는 온종일 다른 원숭이들과 함께 나뭇가지를 건너다니고 구슬을 던지고 재주넘기를 하면서 아침부터 저녁까지 놀았다. 어느날 원숭이들은 시냇가에 가서 헤엄치며 놀았다. 물이 맑고 찬 것이 아주 시원했다. 그곳에는 아름다운 한 줄기 폭포가 깎아지른 듯한 절벽에서 매우 빠르게 흘러내리고 있었다.

其中一只年纪较大的猴子说："谁能够跳进瀑布里面去，我们就拜他为王！大家好不好？"大家都拍手赞成，可是谁也不敢进去。"哼！全都是胆小鬼，我进去！"石猴子刚把话说完，就毫不犹豫的跳了进去。过了一会儿石猴从瀑布里面跳了出来。他对大家说："真妙啊！里面根本不是水潭，而是一座天然的大石洞呀！各种各样的用具里面统统都

有。你们跟着我进去吧！"于是，猴子们都纷纷跳进"水帘洞"里面。

"哇！好棒啊！"猴子们进入洞中，都兴奋地叫嚷着，欢呼着。水帘洞里面，日用的器具，几乎应有尽有，真是一个天造地设的好地方。这一群猴子，就快快乐乐地住了下来。

孙悟空…猴王的诞生

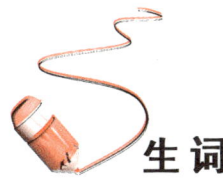

生词

- 能够　　　能動　nénggòu …할 수 있다
- 拜王　　　bài wáng 왕으로 모시다
- 拍手　　　pāi shǒu 박수치다
- 胆小鬼　　名 dǎnxiǎoguǐ 겁쟁이
- 毫不　　　副 háobù 조금도 …하지 않다, 전혀 …하지 않다
- 犹豫　　　動 yóuyù 주저하다, 망설이다
- 妙　　　　形 miào 좋은, (절)묘한
- 根本　　　副 gēnběn 본래, 원래
- 不是…而是…
　　　　　　búshì…érshì… …이 아니라 …이다

- **水潭**   名 shuǐtán 소(沼), 못
- **天然**   形 tiānrán 자연의, 천연의
- **石洞**   名 shídòng 동굴
- **用具**   名 yòngjù 용구, 도구
- **统统**   副 tǒngtǒng 모두, 전부
- **兴奋**   动 xīngfèn 흥분하다, 감격하다
- **叫嚷**   动 jiàorǎng 고함치다, 떠들어대다
- **几乎**   副 jīhū 거의
- **应有尽有**   yīng yǒu jìn yǒu 있어야 할 것은 모두 다 있다
  ☞ 없는 것이 없다.
- **天造地设**   tiān zào dì shè 하늘의 혜택으로 모든 것이 아름답고 이상적이다

 그 중 나이가 비교적 많은 한 원숭이가 말했다. "누구든 폭포 안으로 뛰어 들어갈 수 있으면 우리가 그를 왕으로 떠받들자! 모두 찬성하지?" 모두들 박수를 치며 찬성했지만 뛰어 들어가는 원숭이는 한 마리도 없었다. "흥! 전부 겁쟁이들, 나를 봐!" 돌원숭이는 말을 마치자마자 조금도 주저하지 않고 뛰어 들어갔다. 조금 후에 돌원숭이는 폭포 안에서 뛰어 나와 말했다. "정말 묘하다! 속은 원래 못이 아니라 천연 동굴이야! 각종 도구들이 전부 안에 있어. 나와 함께 들어가자!" 이리하여 원숭이들 모두 잇달아 '수렴동(水帘洞)' 안으로 뛰어 들어갔다. "와! 정말 좋다!" 그들은 동굴 안으로 들어가 흥분하여 떠들어대고 환호했다. 수렴동 안에는 일용품이 거의 없는 것이 없고 정말 하늘의 혜택으로 모든 것이 아름답고 이상적인 곳이었다. 이 무리들은 즐겁게 생활했다.

能够住在这种理想的地方,他们当然没有忘记是石猴子的功劳,于是,这只火眼金睛的石猴子,就成为这一猴群中的首领-猴王了。从此,猴王带领着这一大群的小猢狲,就在水帘洞中,过了几百年平静的岁月。有一天,猴王突然深深地叹了一口气:"尽管我现在活得快乐,但是一旦死去,便什么都没有了!""对!我要去寻访神仙,学习长生不老的方法。"他说到做到,没有多久,就乘着木筏,顺着溪流向大海出发了。

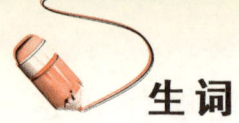

生词

- **忘记** 动 wàngjì 잊어버리다
- **成为** 动 chéngwéi …으로 되다
- **首领** 名 shǒulǐng 우두머리
- **猢狲** 名 húsūn 원숭이의 한 종류
- **平静** 形 píngjìng 평온한
- **叹气** tàn qì 탄식하다, 한숨쉬다 ☞ 叹一口气 : 한숨을 쉬다.
- **尽管** 连 jǐnguǎn 비록 …라 하더라도, …에도 불구하고
- **一旦** 名 yídàn 어느 때, 일단
- **便** biàn 서면어(書面語), 구백화소설(舊白話小說)에 남아 있는 중·근세 중국어로 「就」와 같은 용법이다.
- **寻访** 动 xúnfǎng 방문하다, 찾아가 보다
- **长生不老** cháng shēng bù lǎo 장생불로
- **乘** 动 chéng 타다
- **木筏** 名 mùfá 뗏목

　　이런 이상적인 곳에서 살 수 있게 되자 그들은 당연히 돌원숭이의 공로를 잊어버리지 않았고 이리하여 금빛 눈의 돌원숭이는 바로 무리의 우두머리 - 원숭이의 왕(猴王) - 이 되었다. 이때부터 후왕은 원숭이 무리를 거느리고 수렴동에서 몇 백년 간의 평온한 세월을 보냈다. 어느 날, 후왕은 갑자기 깊은 한숨을 쉬며 "비록 지금은 즐거운 생활을 하고 있지만 일단 죽으면 아무 것도 없지 않은가!" "맞아! 내가 신선을 찾아가서 장생불로 하는 법을 배워야겠어." 그는 말한 것을 하려고 얼마 지나지 않아 뗏목을 타고 시냇물을 따라서 큰 바다를 향해 떠났다.

개구쟁이 후왕

孙悟空…顽皮的猴王

猴王在各地流浪了十年之后，终于遇到一位留着长胡须的仙人了。他恳求仙人收他为徒，仙人看他是一个可以造就的人材，就点头答应了。

"从今天开始，你就叫做'孙悟空'吧！一定要好好练功啊！"孙悟空当了仙人的徒弟以后，果然很用心修炼。经过七年的时间，他已练成七十二种变化法术了。

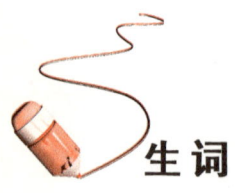

生词

- 流浪　　　動 liúlàng 유랑하다
- 终于　　　副 zhōngyú 마침내, 결국

- **遇到** 　　動 yùdào 만나다, 마주치다
- **留胡须** 　liú húxū 수염을 기르다
- **恳求** 　　動 kěnqiú 간청하다
- **徒** 　　　名 tú 제자, 학생
- **造就** 　　動 zàojiù 육성하다, 양성하다
  - ☞ 造就人才 : 인재를 양성하다.
- **点头** 　　diǎn tóu 머리를 끄덕이다
- **答应** 　　動 dāying 승낙하다, 허락하다
- **叫做** 　　動 jiàozuò …라고 부르다, …이다
- **孙悟空** 　專名 Sūn Wùkōng 孫悟空
- **练功** 　　liàn gōng (무술을) 연마하다, 단련하다
- **当** 　　　動 dāng …이 되다, 담당하다
- **徒弟** 　　名 túdi 제자, 도제
- **果然** 　　副 guǒrán 과연, 생각한대로
- **用心** 　　yòng xīn 마음을 쓰다, 심혈을 기울이다
- **修炼** 　　名動 xiūliàn 수련(하다)
- **经过** 　　動 jīngguò (시간·장소·동작 등을) 경과하다, 지나다
- **法术** 　　名 fǎshù 법술, 술법

　　후왕은 여러 곳을 십 년 동안 유랑한 후에 마침내 수염을 길게 기른 신선 한 분을 만났다. 그는 신선에게 제자 삼아 줄 것을 간청하였고 신선은 그를 양성할 만한 인재로 보아 머리를 끄덕이며 승낙하였다. "오늘부터 너를 '손오공(孫悟空)'이라 부르겠다! 반드시 열심히 무술을 연마해야 하느니라!" 손오공은 신선의 제자가 된 후 과연 심혈을 기울여 수련하였다. 7년의 시간이 지났을 때는 이미 일흔 두 가지의 변신술을 연마하였다.

有一天，仙人对他说："你已经很有本领了，现在下山去吧！"孙悟空拜别了师父，就走到山洞前面，向着天空喊一声"筋斗云"！一下子，筋斗云就"嗖"一声来到眼前。

"筋斗云"也是仙人传授给他的一门法术。一个筋斗，能够飞行十万八千里。孙悟空乘着筋斗云，就往花果山飞去。筋斗云的速度实在太快了，只消一眨眼的时间，就回到了花果山。

但是当他从云端降落下来的时候，
dàn shì dāng tā cóng yún duān jiàng luò xia lai de shí hou
前来迎接他的猴子，个个都哭丧着
qián lái yíng jiē tā de hóu zi　gè gè dōu kū sang zhe
脸。看到这种情形，他感到很纳闷。
liǎn　kàn dào zhè zhǒng qíng xing　tā gǎn dào hěn nà mèn

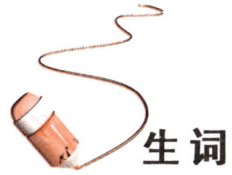

生词

- **本领**　　　名 běnlǐng 재능, 기량
- **拜别**　　　bài bié 삼가 작별을 고하다
- **一下子**　　名 yíxiàzi 단번, 일시
  ☞ 부사어적으로 쓰여 짧은 시간을 나타낸다.
- **嗖**　　　　象聲 sōu 윙, 씽, 휙 ☞ 빠르게 지나가는 소리.
- **传授**　　　動 chuánshòu 전수하다, 가르치다
- **实在**　　　副 shízài 확실히, 정말
- **消**　　　　動 xiāo 필요로 하다
  ☞ 앞에 항상「不, 只, 何」등이 붙는다.
- **眨眼**　　　zhǎ yǎn 눈을 깜박거리다, 눈을 깜짝이다
- **当**　　　　介 dāng 바로 그 시간이나 그 장소를 가리킬 때 쓰인다
- **云端**　　　名 yúnduān 구름 속(끝)
- **降落**　　　動 jiàngluò 착륙하다
- **前来**　　　動 qiánlái 다가오다

- 迎接 　　　　勐 yíngjiē 맞이하다
- 哭丧着脸　kūsangzhe liǎn 울상을 하다, 얼굴을 찌푸리다
- 纳闷　　　nà mèn 답답하다, 갑갑해하다

　　어느 날 신선이 그에게 말했다. "너는 이미 기량을 갖추었으니 이제 하산(下山)하거라!" 손오공은 스승께 삼가 작별을 고하고 동굴 앞으로 걸어가서 공중을 향해 '근두운(筋斗云)'하고 외치자 근두운이 단번에 '획'하며 눈앞으로 왔다. '근두운(筋斗云)'은 신선이 그에게 전수해 준 술법 중 하나로 근두운 하나면 십만팔천 리(里)를 날아 갈 수 있었다. 손오공은 근두운을 타고 바로 화과산으로 날아갔다. 근두운의 속도는 정말 빨라서 눈 깜짝하는 사이에 화과산에 도착했다. 그러나 그가 구름 속에서 내렸을 때 다가와 그를 맞이하던 원숭이들은 모두 울상을 하고 있었다. 이 모습을 보니 그는 매우 답답했다.

这时候,有一只猴子向他报告说:"当大王离开花果山的时候,就有一个妖魔前来欺侮我们。""是何方妖魔,胆敢跑到花果山来撒野!"猴王听了,气得暴跳如雷。"他叫混世魔王,就住在北面的山上。"众猴回答。"好哇!看我就去修理他!"于是,猴王立即跳上筋斗云,来到混世魔王的洞门口。他大声叫骂道:"混世魔王!如果你有种,就给我滚出来!"混世魔王身长十尺,看到站在他面前的,只是一只小猴子,便很轻蔑地说:

生词

- **妖魔** 〈名〉 yāomó 요괴, 요마
- **欺侮** 〈动〉 qīwǔ 우롱하다
- **胆敢** 〈副〉 dǎngǎn 대담하게도, 감히
- **撒野** 〈动〉 sāyě 행패를 부리다, 멋대로 하다
- **暴跳如雷** bàotiào rúléi 발을 구르며 노발대발하다
- **修理** 〈动〉 xiūlǐ 수리하다, 고치다
- **立即** 〈副〉 lìjí 즉시, 곧, 당장
- **叫骂** 〈动〉 jiàomà 욕을 하다
- **有种** 〈形〉 yǒuzhǒng 용기 있는, 담력 있는
- **轻蔑** 〈动〉 qīngmiè 경멸하다, 멸시하다

이때 한 원숭이가 그에게 보고했다. "대왕이 화과산을 떠났을 때 요괴 한 마리가 나타나서 우리를 괴롭혔어요." "어느 요괴가 감히 화과산에 나타나서 행패를 부려!" 후왕은 듣고 화가 나서 발을 구르며 노발대발했다. "그는 혼세마왕(混世魔王)으로 북쪽 산 위에 살고 있어요." 많은 원숭이들이 대답했다. "좋아! 내가 가서 손 좀 봐주지!" 그래서 후왕은 즉시 근두운에 올라 혼세마왕의 동굴 입구까지 와서는 큰 소리로 욕을 하며 "혼세마왕! 용기 있으면 내 앞에 나와라!" 몸집이 십 척(尺)이나 되는 혼세마왕은 앞에 서 있는 것이 다만 작은 원숭이 한 마리인 것을 보고 멸시하며 말했다.

"你这只猴子,是要来送死的吗?"说着,混世魔王举刀就砍。孙悟空一点也不害怕,拔了一撮猴毛,并吹了一口气,说声"变!"这些猴毛立刻就变了两三百只的小猴子。把混世魔王团团围住。他们有的咬手,有的咬腿,有的抓脸,使得混世魔王动弹不得,根本没有还手的余地。孙悟空趁机夺下他的大刀,并且一刀把他砍死了。自此以后,孙悟空的

孙悟空…顽皮的猴王

名声很快地就传遍了四方。于是附
míng shēng hěn kuài de jiù chuán biàn le sì fāng   yú shì fù

近山林里的野兽，怪物，都跑到花果
jìn shān lín lǐ de yě shòu   guài wù   dōu pǎo dào huā guǒ

山来，请求庇护。在花果山这一带，
shān lái   qǐng qiú bì hù   zài huā guǒ shān zhè yí dài

孙悟空可说是洋洋得意，唯我独尊
sūn wù kōng kě shuō shì yáng yáng dé yì   wéi wǒ dú zūn

了。
le

生词

- 举　　　　动 jǔ 들다
- 砍　　　　动 kǎn 찍다, 베다
- 害怕　　　hài pà 두려워하다, 무서워하다
- 拔　　　　动 bá 뽑다, 빼다
- 撮　　　　量 zuǒ 움큼, 줌
- 并　　　　连 bìng 그리고, 또

  ☞ 동일 목적어를 가진 2개의 동사의 연결에 쓰인다.

- 吹　　　　动 chuī 입으로 힘껏 불다
- 立刻　　　副 lìkè 즉시, 곧장
- 团团　　　副 tuántuán 겹겹이, 빈틈없이

  ☞ 团团围住 : 겹겹이 둘러싸다.

- 咬　　　　动 yǎo 물다, 깨물다

- **抓** 　　　　動 zhuā 잡다
- **使得** 　　　動 shǐde …한 결과를 낳다, …하게 하다
- **动弹** 　　　動 dòngtan 움직이다

　　　　　　　☞ 动弹不得 : 움직일 수 없다.

- **根本** 　　　副 gēnběn 시종, 도무지, 전혀
- **还手** 　　　huán shǒu 되받아 치다, 반격하다
- **趁机** 　　　動 chènjī 기회를 타다 ☞ 주로 부사적으로 쓰인다.
- **夺** 　　　　動 duó 빼앗다
- **并且** 　　　連 bìngqiě 또한, 그리고
- **传遍** 　　　動 chuánbiàn 두루 퍼지다
- **野兽** 　　　名 yěshòu 야수, 산짐승
- **庇护** 　　　動 bìhù 비호하다, 감싸주다
- **一带** 　　　名 yídài 일대
- **洋洋得意** 　yáng yáng dé yì 득의 양양하다
- **唯我独尊** 　wéi wǒ dú zūn 유아독존

孙悟空…顽皮的猴王

　　"네가 죽으러 왔구나?" 말하고는 혼세마왕은 칼을 들어 치려 했다. 손오공은 조금도 무서워하지 않고 한 줌의 털을 뽑아 입김을 불어넣으며 '변해라!'라고 말했더니 이 털들이 즉시 이삼백 마리의 원숭이로 변해 혼세마왕을 겹겹이 에워쌌다. 어떤 것은 손을 물고 또 어떤 것은 다리를 물고 다른 것은 얼굴을 잡고 혼세마왕을 움직일 수 없게 만들어 도무지 반격할 여지가 없었다. 손오공은 기회를 틈타 그의 큰칼을 빼앗고는 한 칼에 그를 베어 버렸다. 그 후로 손오공의 명성은 금새 사방으로 퍼져 부근 산림에 있는 짐승, 괴물 모두 화과산으로 와서 비호해 줄 것을 부탁했다. 화과산 이 일대에서 손오공은 득의 양양하여 유아독존이라 일컬을 만 했다.

有一天,孙悟空静极思动,一个筋斗,来到了傲来国的首都,把傲来国的兵器统统抢走。可孙猴王没有一件称心如意的兵器,又跑到东海的龙王宫里,硬把龙宫里的镇海之宝－如意金箍棒抢走。这支金箍棒,是可以随意伸缩的宝物。要它变长,可以延长到天上去;要它缩小,也可以变成像绣花针一般的小,把它藏在耳朵里,非常方便。金箍棒被抢,海龙王气得跳脚大骂:"这只可恶的泼猴,我一定要到玉皇大帝那里告他一状!"海龙王告了状,天上众神仙纷纷提出意见，其中一个神仙却说："用强硬的手段，去对付这个猴子，不是好办法。倒不如把他召到天宫，随便给他小官做做算了。要是他再胡闹，正好就地捉拿。"

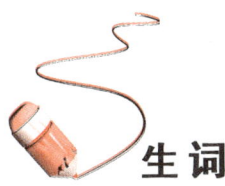

生词

- 驾　　　　动 jià 몰다, 운전하다
- 抢　　　　动 qiǎng 빼앗다, 약탈하다
- 称心如意　chèn xīn rú yì 마음에 꼭 들다
- 硬　　　　副 yìng 억지로, 무리하게
- 龙宫　　　名 lónggōng 용궁
- 镇　　　　动 zhèn 수비하다, 지키다
- 随意　　　动 suíyì 뜻대로 하다, 마음대로 하다
- 伸缩　　　动 shēnsuō 늘였다 줄였다 하다, 신축하다
- 延长　　　动 yáncháng 늘이다, 연장하다
- 缩小　　　动 suōxiǎo 축소하다, 줄이다
- 绣花针　　名 xiùhuāzhēn 자수 바늘
- 跳脚　　　tiào jiǎo 발을 동동 구르다

- **可恶**　　　　形　kěwù 얄미운, 꽤씸한
- **泼**　　　　　形　pō 무모한, 나쁜
- **玉皇大帝**　　名　Yùhuáng Dàdì 옥황대제, 옥황상제
- **告状**　　　　　gào zhuàng 고소하다, 일러바치다
- **强硬**　　　　形　qiángyìng 강경한
- **对付**　　　　動　duìfu 대응하다, 맞서다
- **不如**　　　　　bùrú …만 못하다, …하는 편이 낫다
- **召**　　　　　動　zhào 부르다
- **天宫**　　　　名　tiāngōng 하늘 궁전, 천궁
- **随便**　　　　副　suíbiàn 마음대로, 좋을대로, 형편대로
- **做官**　　　　　zuò guān 관리가 되다, 벼슬하다
- **就地**　　　　副　jiùdì 그 자리에서, 현장에서
- **捉拿**　　　　動　zhuōná (범인을) 붙잡다, 체포하다

어느 날, 손오공은 조용히 생각하더니 근두운으로 오래국(傲來國)의 수도로 가서는 그 나라의 병기를 전부 빼앗아 갔다. 그렇지만 손오공의 마음에 꼭 드는 병기는 없어서 동해의 용왕궁으로 달려가 억지로 용궁 안의 바다를 지키는 보물 - 여의금고봉(如意金箍棒) - 을 빼앗아 갔다. 이 금고봉은 마음대로 늘였다 줄였다 할 수 있는 보물로, 길게 하면 하늘까지 연장할 수 있고 줄이면 자수 바늘처럼 작아져 귓속에 숨길 수 있으니 매우 편리했다. 금고봉을 빼앗기자 해룡왕(海龍王)은 화가 나서 발을 동동 구르며 크게 욕을 했다. "이런 꽤씸하고 나쁜 원숭이 같으니, 내가 반드시 옥황 상제께 고해야겠다!" 해룡왕이 고하자 천상의 신선들은 잇달아 의견을 내었다. 그 중 한 신선이 말하길 "강경한 수단을 쓰면 이 원숭이와 맞서는 것이니 좋은 방법이 아닙니다. 오히려 그를 천궁으로 불러 좋을대로 작은 벼슬 하나를 주고 마는 편이 낫습니다. 만일 다시 소란을 피울 경우 그 자리에서 체포합시다."

● 孫悟空∷孫悟空大鬧天宮

손오공 천궁을 소란스럽게 하다

就这样,孙悟空就被接到天宫去。玉皇大帝封孙悟空为"弼马温"的官。孙悟空不知这弼马温的官有多大,所以乐得心花怒放。但是有一天,一个天宫里的兵卒竟然对他大笑起来。"喂!你笑什么?""好笑啊!你居然以为自己是做了大官。告诉你!'弼马温'只是马夫的头目呀!"孙悟空一听,咯哧咯哧地说,猴王不由得火冒三丈。"你这可恶的玉皇大帝,竟敢瞧不起我老孙呀!"然后,立即拿出金箍棒,一阵劈里啪啦,把马厩打得稀烂,然后登上筋斗云,逃回水帘洞。

生词

- 闹　　　　　動 nào 소란을 피우다, 소란스럽게 하다
- 封　　　　　動 fēng 봉하다, 직위를 내리다
- 心花怒放　　xīn huā nù fàng 마음의 꽃이 활짝 피다, 대단히 기쁘다
- 好笑　　　　形 hǎoxiào 우스운, 가소로운
- 居然　　　　副 jūrán 확실히
- 咯哧咯哧　　象聲 gēchīgēchī 헉헉, 씩씩
- 竟敢　　　　副 jìnggǎn 감히
- 瞧不起　　　qiáo bu qǐ 깔보다, 업신여기다
- 一阵　　　　数量 yízhèn 한바탕, 한번
- 劈里啪啦　　象聲 pīlipālā 탁탁, 탕탕, 착착, 짝짝 ☞ 연속되는 소리.
- 马厩　　　　名 mǎjiù 마구간
- 稀烂　　　　形 xīlàn 산산조각난, 박살난

이렇게 손오공은 천궁으로 가게 되었고 옥황상제는 그를 '필마온(弼馬溫)'이라는 관직에 봉했다. 손오공은 이 '필마온'의 벼슬이 어느 정도인지 모르고 기뻐서 어쩔 줄을 몰랐다. 그런데 어느 날, 천궁의 병사 한 명이 뜻밖에 그를 비웃자 "이봐! 왜 웃는 거야?" "가소롭군! 너는 스스로 큰 벼슬을 한다고 확신하고 있지만, 말해 주지! '필마온'은 마부의 두목일 뿐이야!" 이 말을 듣고 씩씩거리며 말했다. "이 괘씸한 옥황 상제, 감히 나 손오공을 깔보다니!" 그러고는 즉시 금고봉을 들고 한바탕 탁탁탁, 마구간을 쳐서 박살을 낸 후에 근두운에 올라 수렴동으로 달아났다.

"什么！那只泼猴竟敢捣毁马厩，逃出天宫！"玉皇大帝勃然大怒。于是立刻派遣两名天将，带领着一队天兵，去花果山捉拿孙悟空。孙悟空在花果山上，做一面旗帜，写上"齐天大圣"的四个字，高高挂起来，率领着众猴子出来迎战。好一个孙猴子，挥舞着金箍棒，只一下子工夫，就把这些天兵天将打得落荒而逃了。"我们赢了！我们赢了！"猴子们欢呼着。

生词

- **捣毁** 　動 dǎohuǐ 때려부수다, 파괴하다
- **勃然** 　形 bórán 안색이 변하는 모양, 갑자기 노하거나 흥분하는 모양
- **旗帜** 　名 qízhì 깃발
- **迎战** 　動 yíngzhàn 영전하다, 맞아 나가 싸우다
- **挥舞** 　動 huīwǔ (무기·채찍 등을) 휘두르다, 흔들다
- **工夫** 　名 gōngfu 시간, 틈
- **落荒而逃** 　luò huāng ér táo 길을 버리고 황야로 달아나다
- **赢** 　動 yíng 이기다

"뭐라고? 그 원숭이 녀석이 감히 마구간을 때려부수고 도망을 가!" 옥황 상제는 벌컥 성을 내고 나서 즉시 장수 두 명을 파견하여 일대의 병사들을 이끌고 화과산으로 가 손오공을 잡아오게 했다. 손오공은 화과산 위에서 깃발을 만들고 '제천대성(齊天大聖) - 하늘에 이르는 대성인'이라 적어 높이 걸고는 무리들을 이끌고 나와 싸움을 맞이하고 있었다. 손오공이 금고봉을 휘두르며 잠깐 동안에 하늘의 장수와 병사들을 쳐서 달아나게 했다. "이겼다! 우리가 이겼다!" 원숭이들은 환호했다.

天兵天将对付不了孙悟空,玉皇大帝只好派使者来讲和。使者说:"玉皇大帝愿意承认你'齐天大圣'这个官衔,再回天宫去吧!"孙悟空非常得意,就跟着使者上天宫去了。有一天,他在天宫的花园里游玩,看到树上的仙桃都成熟了,忍不住嘴馋,就爬到树上偷吃起来。

生词

- **使者** 动 shǐzhě 사절, 사자
- **只好** 副 zhǐhǎo 할 수 없이, 부득이
- **讲和** 动 jiǎnghé 강화하다, 서로 화해하다
- **承认** 动 chéngrèn 승인하다, 동의하다
- **官衔** 名 guānxián 관직명, 관함
- **得意** dé yì 의기양양하다
- **仙桃** 名 xiāntáo 선도(복숭아)
- **成熟** 动 chéngshú 성숙하다, 익다
- **忍不住** rěn bu zhù 참을 수 없다
- **嘴馋** zuǐ chán 게걸스러운
- **偷吃** 动 tōuchī 훔쳐먹다, 남몰래 먹다

孙悟空…孙悟空大闹天宫

하늘의 장군이나 병사들이 손오공을 대적할 수 없게 되자 옥황 상제는 사자를 보내 화해할 수밖에 없었다. 사자는 "옥황 상제께서 너를 '제천대성(齊天大聖)'의 관함에 명하기를 원하시니 다시 천궁으로 돌아가자!" 손오공은 매우 의기양양하게 사자를 따라 천궁으로 갔다. 어느 날, 그는 천궁의 정원에서 노닐다 나무에 달린 복숭아가 익어 있는 것을 보고 참을 수 없어 게걸스럽게 나무 위에 올라가 훔쳐먹었다.

王母娘娘的"蟠桃宴会"就要举行了,七位仙女,头顶花蓝,来到蟠桃园摘桃。躲在树上的孙悟空,从偷听到七位仙女的谈话中,他知道王母娘娘这次举行的宴会,并没有邀请他,于是,他心中暗作决定:"好!你这老太婆敢看不起我,我就敢修理你!"决定以后,他就溜到王母娘

娘的宫殿，从身上拔下几根猴毛，变做几只瞌睡虫，飞落在侍卫的脸上。不一会儿，"呼噜呼噜"都睡着了。于是，孙悟空就把宴席上的美酒佳肴，统统吃光了。

孙悟空…孙悟空大闹天宫

生词

- 王母娘娘　　名 Wángmǔ niángniang 서왕모 ☞ 전설상의 선녀
- 蟠桃　　　　名 pántáo (신화 속의) 선도(仙桃)
- 就要…了　　jiùyào …le 곧 …할 것이다
- 奉命　　　　fèng mìng 명령을 받다, 명령에 따르다
- 摘　　　　　动 zhāi 따다, 꺾다
- 偷听　　　　动 tōutīng 몰래 엿듣다
- 暗　　　　　副 àn 남몰래, 은밀히
- 老太婆　　　名 lǎotàipó 할머니, 노부인
- 看不起　　　kàn bu qǐ 깔보다, 무시하다
- 溜　　　　　动 liū 몰래 빠져나가다, (슬그머니) 사라지다
- 宫殿　　　　名 gōngdiàn 궁전
- 瞌睡虫　　　动 kēshuì 말뚝잠을 자다, 졸다

- **侍卫**   _{名,動} shìwèi 시위(하다)
- **呼噜**   _{象聲} hūlu 코고는 소리
  - ☞ 打呼噜 : 코를 골다.
- **宴席**   _名 yànxí 연회석
- **美酒佳肴**   měijiǔ jiāyáo 좋은 술과 맛있는 안주
- **光**   _形 guāng 조금도 남지 않은, 전혀 없는(주로 보어로 쓰인다) ☞ 吃光 : 모조리 다 먹다.

서왕모(西王母)의 '복숭아잔치'가 곧 열릴 예정이어서 칠선녀들은 머리에 꽃바구니를 이고 복숭아화원에서 복숭아를 땄다. 나무에 숨어 있던 손오공은 칠선녀의 이야기를 몰래 엿듣던 중, 서왕모가 잔치를 열면서 자신을 초대하지 않았다는 것을 알고 속으로 은밀히 결정을 했다. "좋아! 이 할머니가 감히 나를 무시했어. 내가 손 좀 봐주지!" 그러한 후에 서왕모의 궁전에 몰래 들어가서는 몇 가닥의 털을 뽑아 잠벌레로 변하게 하였고 그것들은 시위대의 얼굴로 날아갔다. 얼마 지나지 않아 모두 코를 골며 잠이 들어 버렸다. 이리하여 손오공은 연회석의 좋은 술과 맛있는 안주를 전부 다 먹어 치웠다.

孙悟空自知闯了大祸,赶快溜出天宫,驾起筋斗云,回到花果山。孙悟空闯祸逃走以后,玉皇大帝气得说不出话来。大怒之下,立刻派了十万天兵天将,把花果山团团围住。孙悟空知道了这消息,毫不在乎,反而兴奋地说:"哈哈!这些饭桶,有来陪我孙爷爷解闷了"齐天大圣跳上筋斗云,真是勇猛绝伦,挥舞着金箍棒把天兵天将打得落花流水。但这一场惨烈的仗打了下来,花果山上的猴子也伤亡累累,并且有许多猴子还被俘虏了去。

生词

- 闯祸　　　　chuǎng huò 사고를 일으키다, 화를 자초하다
- 不在乎　　　búzàihu 개의치 않다, 대수롭지 않게 여기다
- 反而　　　　副 fǎn'ér 오히려, 역으로
- 饭桶　　　　名 fàntǒng 밥통
- 陪　　　　　動 péi 모시다, 동반하다
- 解闷　　　　jiě mèn 기분 전환을 하다
- 勇猛　　　　形 yǒngměng 용맹스러운
- 绝伦　　　　形 juélún 절륜한 ☞ 勇猛绝伦 : 용맹스럽기 그지없다.
- 落花流水　　luò huā liú shuǐ 참패하다, 산산이 부서지다
- 场　　　　　量 chǎng 회, 번, 차례
- 惨烈　　　　形 cǎnliè 처참한, 비통한
- 仗　　　　　名 zhàng 싸움, 전투 ☞ 打仗 : 전쟁을 하다.
- 伤亡　　　　名 shāngwáng 사상자
- 累累　　　　形 lěilěi 쌓이고 쌓인 모양
- 俘虏　　　　動,名 fúlǔ 포로로 하다, 포로

> 손오공은 스스로 화를 일으킨 것을 알고 재빨리 천궁을 몰래 빠져나가 근두운을 몰고 화과산으로 돌아갔다. 손오공이 사고를 내고 도주한 후에 옥황상제는 화가 나서 말도 나오지 않았다. 크게 노해서는 즉시 십만 명의 병사와 장수를 보내 화과산을 겹겹이 에워쌌다. 손오공은 이 소식을 알고도 전혀 개의치 않고 오히려 흥분하며 말했다. "하하! 이 밥통들, 이 어르신의 기분을 풀어주러 왔구나!" 제천대성은 근두운에 뛰어 올라 정말 용맹스럽기 그지없이 금고봉을 휘둘러 천장천병(天將天兵)을 쳐부수었다. 그러나 한 차례의 이 처참한 전투로 화과산의 원숭이들도 사상자가 쌓였고 더욱이 많은 원숭이가 포로로 잡혀갔다.

손오공 사로잡히다

孫悟空…孫悟空被擒

"怎么办?好多伙伴都被抓去了!"猴子们都在伤心流泪。"别担心!我会把他们救出来!"孙悟空安慰着他们说。没有多久,玉皇大帝又派二朗神前来擒捉孙悟空。在天宫中,二朗神是一位武功高强的天将。二朗神带领着众天兵,杀奔花果山而来,他大声嚷叫着:"泼猴!有种的给我滚出来!"孙悟空从水帘洞跳出来,一声不响,就挥动金箍棒和二朗神打得天翻地覆。

生词

- **伙伴**　　　名 huǒbàn 동료, 친구
- **伤心**　　　动 shāng xīn 상심하다, 슬퍼하다
- **流泪**　　　liú lèi 눈물을 흘리다
- **安慰**　　　动 ānwèi 위로하다
- **擒捉**　　　动 qínzhuō 사로잡다, 붙잡다
- **武功**　　　名 wǔgōng 무공
- **高强**　　　形 gāoqiáng 뛰어난, 훌륭한
- **响**　　　　动 xiǎng 소리를 내다
  ☞ 一声不响 : 한 마디도 하지 않다, 아무 소리도 내지 않다.
- **天翻地覆**　tiān fān dì fù 천지가 뒤집히는 듯하다, 매우 소란스럽다

孙悟空…孙悟空被擒

"어떻게 해? 친구들이 모두 잡혀갔으니!" 원숭이들은 슬퍼하며 눈물을 흘렸다. "걱정마! 내가 그들을 구해 올거야!" 손오공은 그들을 위로하며 말했다. 오래 지나지 않아 옥황 상제는 이랑신(二朗神)을 보내 손오공을 사로잡아 오게 했다. 천궁에서 이랑신은 무공이 뛰어난 장수였다. 이랑신은 병사들을 거느리고 화과산으로 달려와 큰 소리로 외쳤다. "원숭아! 용기 있으면 내게 나와라!" 손오공은 수렴동에서 뛰어 나와 한 마디도 하지 않고는 금고봉을 휘두르며 이랑신과 천지가 뒤집히는 듯 격렬하게 싸웠다.

双方大战了三百回合,仍然不分胜负。二朗神于是摇身一变,突然身高万丈,举刀就往悟空头上砍去。悟空也立刻把身体变高,变得和二朗神一样的高,并用金箍棒抵挡住对方的大刀。正当双方打得难分难解的时候,二朗神放出一批老鹰和猎犬,把猴子们惊吓得纷纷逃跑了。

生词

- 回合　　　名 huíhé (경기, 전쟁, 담판 등) 횟수
- 分胜负　　fēn shèngfù 승부를 내다
- 摇身一变　yáo shēn yí biàn 몸을 흔들어 곧 모습을 바꾸다
- 身高　　　名 shēngāo 신장, 키
- 抵挡　　　动 dǐdǎng 막다, 저지하다
- 难分难解　nán fēn nán jiě 서로 맞붙어서 양보하지 않다
- 放出　　　动 fàngchū 내보내다
- 批　　　　量 pī 무더기, 무리
- 鹰　　　　名 yīng 매
- 猎犬　　　名 lièquǎn 사냥개

孙悟空::孙悟空被擒

상대가 서로 삼백 차례의 대전을 치루었는데도 승부를 내지 못했다. 그래서 이랑신이 몸을 흔들며 모습을 바꾸자 갑자기 키가 만장(丈)이 되어 칼을 들고 오공의 머리를 치려 했다. 오공도 역시 당장 변신해 키가 이랑신과 같아져서는 금고봉으로 상대의 칼을 막아내었다. 서로가 대적하여 양보하지 않고 있을 때 이랑신은 한 무리의 매와 사냥개를 풀어놓아 원숭이들은 놀라서 잇달아 도망갔다.

孙悟空看到这种情形,心想要糟,立刻变成一只小麻雀,准备逃走。"哼!想逃,可没那么简单!"二朗神立刻变成一只老鹰,来啄麻雀。悟空心里一急,又变成一条鱼,赶快躲进水里去。二朗神也立刻变成水鸟,要钻进水里面吃鱼。孙悟空看到情形不对,又赶紧变成一条蛇,躲到草丛里。二朗神也真厉害,立刻变成白鹤,要捉小蛇。

生词

- **糟**　　　動 zāo 일을 그르치다, 잘못되다, 야단나다
- **变成**　　動 biànchéng 변하여 …이 되다, …로 변화하다
- **麻雀**　　名 máquè 참새
- **啄**　　　動 zhuó 부리로 쪼다, 쪼아먹다
- **条**　　　量 tiáo 가늘고 긴 것, 또는 가늘고 긴 느낌이 있는 것에 대하여 널리 쓰인다
- **水鸟**　　名 shuǐniǎo 물새
- **钻**　　　動 zuān 들어가다, 지나가다
- **赶紧**　　副 gǎnjǐn 서둘러, 급히
- **蛇**　　　名 shé 뱀
- **草丛**　　名 cǎocóng 풀숲
- **厉害**　　形 lìhai 사나운, 무서운
- **白鹤**　　名 báihè 백두루미, 백학

孙悟空…孙悟空被擒

　　손오공은 이 상황을 보고는 속으로 야단났다 생각하고 즉시 작은 참새로 변해 도주하려 했다. "흥! 도망가려고, 그렇게 간단하지 않을 걸!" 이랑신은 당장 매로 변해 참새를 부리로 쪼았다. 오공은 다급해져서 또 다시 한 마리 물고기로 변해 재빨리 물 속으로 숨어 들어갔다. 이랑신 또한 당장 물새로 변해 물 속으로 들어가 물고기를 잡으려 했다. 손오공은 상황이 좋지 않다고 보고 급히 뱀으로 변하여 풀숲으로 숨었다. 이랑신 역시 정말 매섭게 당장 백학으로 변해 뱀을 부리로 잡으려 했다.

孙悟空被逼得走投无路,到了最后,只得恢复原形,继续苦战。"孙猴子!赶快投降吧!"二朗神说。"哼!要我投降,休想!"孙悟空仍然态度强硬。在天空观战的太上老君,看到二朗神无法制服孙悟空,就把一只金圈对着孙悟空往下扔,那圈转啊转,正好打在悟空的头上,悟空顿时眼冒金星,站不住脚,就躺在地上了。二朗神赶快上前,用绳子把孙悟空紧紧捆起来。孙悟空被带回天宫,玉皇大帝立刻下令把

他处死。行刑的神用一把锋利的刀，
砍在猴头上，但是孙悟空一点也不
在乎，只是嘻嘻地笑着。

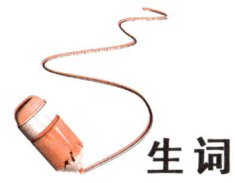

生词

- 逼　　　　　動 bī 핍박하다, 죄다, 강박하다
- 走投无路　　zǒu tóu wú lù 갈 곳이 없다, 막다른 골목에 이르다, 궁지에 빠지다
- 只得　　　　副 zhǐdé 부득이, 할 수 없이
- 恢复　　　　動 huīfù 회복하다, 회복되다
- 苦战　　　　動 kǔzhàn 고전하다
- 投降　　　　名,動 tóuxiáng 투항(하다)
- 休想　　　　xiūxiǎng 생각(망상)하지 마라, 단념해라
- 太上老君　　Tàishàng Lǎojūn 태상노군
  ☞ 도가(道家)의 노자(老子)에 대한 존칭.
- 制服　　　　動 zhìfú 제압하다, 굴복시키다
- 圈　　　　　名 quān 고리, 환, 테
- 扔　　　　　動 rēng 던지다
- 顿时　　　　副 dùnshí 바로, 일시에

- **金星**   名 jīnxīng 눈에서 느끼는 불꽃같은 것
  - ☞ 眼冒金星 : 눈에 불꽃이 번쩍이는 듯하다.
- **躺**   動 tǎng 드러눕다, 가로눕다
- **绳子**   名 shéngzi 밧줄
- **紧紧**   副 jǐnjǐn 바짝, 단단히
- **捆**   動 kǔn 묶다, 잡아매다
- **下令**   xià lìng 명령을 내리다
- **处死**   chǔ sǐ 사형에 처하다
- **行刑**   xíng xíng 형을 집행하다
  - ☞ 특히 사형의 경우를 가리킨다.
- **锋利**   形 fēnglì 끝이 날카로운
- **嘻嘻**   象聲 xīxī 웃는 소리

손오공은 궁지에 몰리게 되자 마지막에는 할 수 없이 원래의 모습으로 돌아와 계속해서 고전했다. "손오공! 빨리 투항해라!" 이랑신이 말했다. "흥! 나보고 투항하라고, 단념해!" 손오공의 태도는 여전히 강경했다. 하늘에서 싸움을 지켜보던 태상노군(太上老君)은 이랑신이 손오공을 제압할 방법이 없다고 보고 금고리 하나를 손오공을 향해 아래로 던졌다. 그 고리는 돌고 돌아 정확히 손오공의 머리에 맞았다. 오공은 바로 눈에 불꽃이 번쩍이는 듯했고 서 있을 수 없어 땅 위에 드러누웠다. 이랑신은 재빨리 앞으로 가 밧줄로 손오공을 단단히 묶었다. 손오공이 천궁으로 끌려오자 옥황 상제는 즉시 그를 사형에 처하라는 명령을 내렸다. 사형을 집행하는 신이 끝이 날카로운 칼로 머리를 치고 있었지만 손오공은 조금도 개의치 않고 단지 헤헤 하고 웃고 있었다.

太上老君知道孙悟空是练就了刀枪不入的功夫,用刀用剑是对付不了他的。于是就主张把他放进炼丹用的"八卦炉"里,让他活活烧死。'八卦炉'的威力强大无比,纵然是最厉害的妖怪,或是道行最高的神仙,只要在里面烧上四十九天,就会变成一堆灰烬。但是经过了四十九天,太上老君把'八卦炉'打开来,没想到孙悟空还活着,而且趁机逃跑了。孙悟空跳出'八卦炉',从耳朵里取出金箍棒,一路乱打,

闹得天宫鸡飞狗跳。玉皇大帝一看
情形严重，只好派人到西方，请如
来佛来收服他。

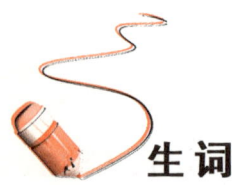

生词

- 枪　　　　名 qiāng　창
- 功夫　　　名 gōngfu　재주, 솜씨
- 剑　　　　名 jiàn　검, 칼
- 主张　　　动 zhǔzhāng　주장하다, 결정하다
- 炼丹　　　名动 liàndān　도가(道家)의 단약, 단약을 만들다
- 活活　　　副 huóhuó　산채로, 생으로
- 威力　　　名 wēilì　위력
- 无比　　　形 wúbǐ　비할 바 없는, 아주 뛰어난
- 纵然　　　连 zòngrán　설령 …하더라도
- 道行　　　名 dàoheng　승려, 도사가 수도한 도력이나 법력
- 只要…就　　zhǐyào…jiù　…하기만 하면 …하다
- 堆　　　　量 duī　무더기, 더미
- 灰烬　　　名 huījìn　재, 잿더미
- 逃跑　　　动 táopǎo　탈출하다, 도망치다
- 一路　　　名 yílù　도중

- 乱 　　　　副 luàn 함부로, 제멋대로, 마구
- 鸡飞狗跳 　jī fēi gǒu tiào 닭은 날아가고 개는 뛰어가다(모두 잃어버리다)
- 严重 　　　形 yánzhòng 심각한, 중대한
- 收服 　　　动 shōufú 굴복시키다

孙悟空…孙悟空被擒

　　태상노군은 손오공이 창칼이 들어가지 않는 무공을 연마하여 칼이나 검으로는 그를 대적할 수 없음을 알았다. 그래서 그를 단약(丹藥)을 만드는 데 쓰이는 '팔괘로(八卦爐)' 속으로 집어넣어 산채로 불살라 없애자고 주장했다. '팔괘로'의 위력은 비할 바 없이 강해, 설령 가장 무서운 요괴 혹은 도(道)가 가장 높은 신선이라 할지라도 안에서 사십 구일 동안 불사르기만 하면 한 더미의 재로 변한다. 그러나 사십 구일이 경과하고 태상노군이 '팔괘로'를 열었는데 손오공은 뜻밖에 아직 살아있을 뿐만 아니라 기회를 틈타 탈출하려 하였다. 손오공이 '팔괘로'에서 뛰어 나와서는 귀 속에서 금고봉을 꺼내 도중에 마구 쳐부수니 천궁에 남아 나는 것이 없었다. 옥황 상제가 보기에 상황이 심각하자 서방(西方)으로 사람을 보내 여래불(如來佛)이 와서 그를 굴복시켜 줄 것을 요청했다.

当如来佛赶到天宫的时候,孙悟空正在闹得天翻地覆。"悟空!你竟敢大闹天宫,还不束手就擒吗?"

"你是什么东西?竟然敢过问我的事,真是可恶!"孙悟空的太度很蛮横。"哦!你那么厉害呀!"如来佛笑着说。"那当然。我会七十二变,还

会翻筋斗云,天宫里没有一个神仙是我的对手,我要把他们统统赶走,让我自己来当玉皇大帝。"如来佛哈哈大笑说:"那好!我和你打个赌。你既然有那么的本领,能不能用你的筋斗云,跳出我的手掌心呢?"

"这傻瓜!那还不简单,看我的!"孙悟空一跳,在如来佛的手掌上翻了一个筋斗,只听"嗖"的一声,便无影无踪了。

生词

- **束手就擒** shù shǒu jiù qín 꼼짝없이 붙들리다
- **过问** 動 guòwèn 참견하다, 간섭하다
- **蛮横** 形 mánhèng (태도가) 무지막지한, 거친
- **翻** 動 fān 날다
- **对手** 名 duìshǒu 상대
- **赶走** 動 gǎnzǒu 쫓아내다, 내쫓다
- **既然** 連 jìrán 이미 …한 이상
- **手掌** 名 shǒuzhǎng 손바닥
- **不简单** 形 bùjiǎndān 굉장한, 대단한, 간단치 않은
- **无影无踪** wú yǐng wú zōng 흔적도 없다, 온 데 간 데 없다, 자취를 감추다

여래불이 천궁에 서둘러 왔을 때 손오공은 천지가 뒤집힐 듯한 소란을 피우고 있었다. "오공아! 네가 감히 천궁을 소란스럽게 하는데도 아직 붙잡히지 않았구나?" "너는 무엇이냐? 감히 내 일에 참견하다니, 정말 괘씸하구나!" 손오공의 태도는 무지막지했다. "오! 네가 그렇게 대단하구나!" 여래불은 웃으며 말했다. "당연하지. 나는 일흔 두 가지로 변할 수 있고 또 근두운을 타고 날 수 있으며 천궁에서는 나의 상대가 되는 신선이 한 명도 없으니 내가 그들을 전부 내쫓고 내 스스로 옥황 상제가 될 거야!" 여래불은 하하하고 크게 웃으며 말했다. "그래, 좋다. 우리 내기를 하자꾸나. 네게 그렇게 큰 재주가 있는 이상, 근두운으로 내 손바닥을 뛰어 나갈 수 있겠느냐?" "이 멍청한 놈! 그거 그런대로 간단치 않겠는데, 나를 봐!" 손오공은 뛰어 여래불의 손바닥 위에서 근두운을 타고 날아 '씽'하는 소리만 내더니 온 데 간 데 없이 사라졌다.

孙猴子在半空中腾云驾雾了一阵子，忽然看到面前耸立着五座像高山一般大的柱子，他心想："一定是到了天边儿。这下你输了。"于是用猴毛变了一支笔，便在大石柱

孙悟空：孙悟空被擒

上面写了"齐天大圣到此一游"几个字，然后得意洋洋地回来，并向如来佛说："我已经跑到天的尽头了，还在上面题字呢！""哦！你所题的字，是不是这个！"如来佛说着，便伸出

手掌来，原来其中的一根手指，正写着'齐天大圣到此一游'这几个字，而且墨迹还未干哩！

生词

- **半空**   名 bànkōng 공중
- **腾云驾雾**   téng yún jià wù 구름과 안개를 타고 하늘을 날다
- **耸立**   動 sǒnglì 높이 솟다, 우뚝 솟다
- **柱子**   名 zhùzi 기둥
- **题字**   tí zì 기념으로 글을 몇 자 쓰다
- **伸**   動 shēn 내뻗다, 내밀다
- **根**   量 gēn 가늘고 긴 것을 세는 데 쓰인다
- **手指**   名 shǒuzhǐ 손가락
- **墨迹未干**   mò jì wèi gān 먹물이(잉크가) 채 마르지도 않다

孙悟空···孙悟空被擒

    손오공이 한참 동안 구름과 안개를 타고 날아가다가 갑자기 눈앞에 높은 산처럼 우뚝 솟은 다섯 개의 기둥을 보고 속으로 생각했다. "하늘 끝에 도착한게 분명해. 이번에 넌 졌다." 이리하여 털을 붓으로 변하게 하고는 큰 돌기둥 위에 '제천 성인 이곳까지 다녀가다'라는 몇 글자를 쓰고 나서 의기양양하게 돌아 와 여래불을 향해 말했다. "나는 이미 하늘 끝까지 가서 그 위에 기념으로 몇 글자 적어 놓고 왔어!" "오! 네가 기념으로 적은 글자가 이것이냐?" 여래불이 말하고는 손바닥을 내밀었는데 알고 보니 그 중 한 손가락에 '제천 성인 이곳까지 다녀가다'라는 글자가 적혀 있고 게다가 먹물도 채 마르지 않았다.

这一下，可把孙悟空搞糊涂了，
zhè yí xià kě bǎ sūn wù kōng gǎo hú tu le

他喃喃自语说：“哪有这事？”他越
tā nán nán zì yǔ shuō nǎ yǒu zhè shì tā yuè

想越不对劲，也越想越害怕。正想要
xiǎng yuè bú duì jìn yě yuè xiǎng yuè hài pà zhèng xiǎng yào

溜之大吉的时候，忽然从天上掉下
liū zhī dà jí de shí hou hū rán cóng tiān shang diào xià

一座大山，把他紧紧压在下面。
yí zuò dà shān bǎ tā jǐn jǐn yā zài xià mian

生词

- 搞　　　　動 gǎo 하다
- 糊涂　　　形 hútu 어리둥절한, 얼떨떨한
- 喃喃　　　象聲 nánnán 웅얼웅얼, 중얼중얼
- 越…越…　　yuè…yuè… …하면 할수록 …하다
- 对劲　　　duì jìn 적합하다, 정상적이다
- 掉　　　　動 diào 떨어지다, 떨어뜨리다
- 压　　　　動 yā (내리)누르다

이것은 손오공을 어리둥절하게 했고 그는 혼잣말로 중얼거렸다. "어떻게 이런 일이 있을 수 있지?" 그는 생각할수록 이상했고 또한 무서워졌다. 슬그머니 달아나려고 할 바로 그 때 갑자기 하늘에서 큰산이 떨어지더니 그를 단단히 눌러버렸다.

삼장법사

● 孙悟空⋯三藏法师

孙悟空被压在山脚下,不知不觉,五百年过去了。这时候,东方有一个名叫"大唐"的国家,人民的生活过得非常富裕安乐。有一天,观音菩萨出现在大唐国的京城-长安。"有谁愿意到西方的天竺去取经吗?"观音菩萨在长安的大街小巷里征求取经的人。没多久,就有一个名叫玄奘的和尚,自告奋勇,愿意前往。

生词

- **三藏法师** 专名 Sānzàng Fǎshī 三藏法師
- **不知不觉** bùzhī bùjué 알지 못하는 사이
- **大唐** 专名 Dàtáng 大唐
- **观音菩萨** 专名 Guānyīn Púsà 觀音菩薩(관음 보살)
- **长安** 专名 Chángān 長安 ☞地名
- **天竺** 专名 Tiānzhú 천축, 인도의 옛 이름
- **取经** qǔ jīng 인도에 가서 불경을 구해오다
- **大街小巷** dà jiē xiǎo xiàng 거리와 골목, 온 거리
- **征求** 动 zhēngqiú 널리 구하다
- **和尚** 名 héshang 중, 승려
- **自告奋勇** zì gào fèn yǒng 자진해서 나서다, 자발적으로 나서다
- **前往** 动 qiánwǎng 나아가다, 가다

손오공이 산아래 깔려 있게 된 지 어느새 순식간에 오백년이 흘렀다. 이때, 동방의 대당(大唐)이라는 나라에서는 백성들이 매우 부유하고 안락하게 생활했다. 어느 날, 관음보살(觀音菩薩)이 대당국의 수도인 장안(長安)에 나타났다. "서방의 천축(天竺)에 가서 불경을 구해오기를 원하는 사람이 있느냐?" 관음 보살은 장안의 온 거리에서 불경을 구해 올 사람을 널리 구했고 오래지 않아 현장(玄奘)이라는 승려 한 명이 자진해서 가기를 원했다.

大唐国的皇帝唐太宗,也是一个诚心信佛的人听到这件事,非常高兴,赐给玄奘一个法号,叫做"唐三藏"。唐太宗命令朝廷的臣子,给唐三藏准备着人夫马匹以及各种旅行用品,择定吉日动身。在皇帝亲自送行的盛大场面中,唐三藏开始踏上了千山万水的艰难旅程。有一天,三藏法师来到了一座山脚下,忽然听见有人叫:"来人啊!快快救救我—!"三藏吓了一跳。仔细一看,原来是一只猴子被压在山脚下。

生词

- **诚心** 形 chéngxīn 진실한, 성실한
- **信佛** xìn fó 불교를 믿다
- **赐** 动 cì 베풀어주다, 하사하다
- **法号** 名 fǎhào (불교의) 법호, 법명
- **臣子** 名 chénzǐ 신하
- **人夫马匹** rénfū mǎpǐ 인부와 마필
- **以及** 连 yǐjí 및, 그리고
- **择定** 动 zédìng 선정하다, 골라 정하다
- **吉日** 名 jírì 길일
- **动身** dòng shēn 출발하다, 여행을 떠나다
- **送行** sòng xíng 배웅하다, 전송하다
- **踏** 动 tà (발로) 밟다
- **千山万水** qiān shān wàn shuǐ 천산 만수 ☞ 멀고 험한 길.
- **艰难** 形 jiānnán 곤란한, 어려운
- **仔细** 形 zǐxì 자세한, 세밀한 ☞ 仔细一看 : 자세히 보다.

대당국의 황제인 당태종(唐太宗) 역시 진실하게 부처님을 믿는 사람으로 이 얘기를 듣고 매우 기뻐하며 현장에게 법명을 하사하여 '당삼장(唐三藏)'이라 불렀다. 당태종은 조정의 신하들에게 명령하여 당삼장에게 인부와 마필 및 각종 여행에 필요한 물건을 준비해 주고 길일을 택해 출발하게 했다. 황제가 친히 배웅하는 성대한 광경 속에 당삼장은 멀고도 험한 여정을 나서기 시작했다. 어느 날, 삼장법사(三藏法師)가 산기슭 아래까지 왔을 때 갑자기 사람 소리가 들렸다. "누구 좀 와 주세요! 빨리 나 좀 구해주세요!" 삼장은 깜짝 놀라서 자세히 보니 원숭이 한 마리가 산아래 깔려 있었다.

那只猴子说:"观音菩萨叫我在这里等着你哩,请你赶快来救我吧!"

"可是,我怎样才能救你出来呢?"三藏感到十分难过。"你只要把贴在山上的符咒拿掉就好了!"三藏抬头一看,山顶上确有一道符咒贴在那儿。"好吧!"于是三藏合着双掌,并且嘴里念念有词。突然,一声巨响,符咒脱落下来了,但唐三藏也被剧烈震动的力量摔得四脚朝天。孙悟空从山底下蹦了出来,从此就成为唐三藏的徒弟,跟随着到西方去取经。

生词

- **为难**   wéi nán 난처하다, 곤란하다
- **符咒**   名 fúzhòu 주문, 부적
- **掉**   動 diào …해 버리다
  ☞ 동사 뒤에 쓰여 동작의 완성을 나타낸다.
- **确**   副 què 확실히
- **道**   量 dào 긴 것을 세는 데 쓰는 단위
- **合掌**   hé zhǎng 합장하다
- **念念有词**   niàn niàn yǒu cí 주문을 외다, 중얼거리다
- **脱落**   動 tuōluò 떨어지다, 빠지다
- **剧烈**   形 jùliè 격렬한
- **震动**   動 zhèndòng 진동하다, 흔들리다
- **摔**   動 shuāi 넘어지다
- **朝**   介 cháo …을 향해
- **蹦**   動 bèng 뛰어오르다, 껑충 뛰다

孙悟空…三藏法师

그 원숭이가 말했다. "관음 보살님이 이곳에서 사부님을 기다리라고 하셨어요. 빨리 저 좀 구해 주세요!" "그러나 내가 어떻게 너를 구할 수 있느냐?" 삼장법사는 매우 난처했다. "산에 붙어 있는 부적을 떼어 내기만 하면 됩니다!" 삼장법사가 고개를 들어보니 산꼭대기에 확실하게 부적이 하나 붙어 있었다. "좋아!" 이리하여 삼장은 두 손을 합장하고 입으로 주문을 외웠다. 갑자기 큰 소리가 나더니 부적은 떨어졌으나 당삼장도 격렬한 진동 때문에 뒤로 벌렁 넘어 졌다. 손오공은 산밑에서 뛰어 나왔다. 이때부터 당삼장의 제자가 되어 삼장을 따라 서방으로 불경을 구하러 갔다.

师徒两人走呀走的,突然前面跳出一只猛虎来,吓得唐三藏用袖子挡住眼睛,不敢再看。"师父别怕,看徒儿收拾它!"悟空说着,就掏出金箍棒挥过去,老虎的脑袋开花了,剥了皮,悟空把做成一条虎皮裙子,穿在身上。唐三藏看到孙悟空野性难训的样子,心中决定要设法制服他。于是,从包袱中取出一顶帽子来,要悟空戴上去。

生词

- **师徒** 　　名 shītú 스승과 제자, 사제
- **档住** 　　动 dǎngzhù 저지하다 막(아내)다
- **收拾** 　　动 shōushi 없애다, 해치우다
- **脑袋** 　　名 nǎodai 뇌, 머리
- **开花** 　　动 kāihuā (꽃이 피듯) 터지다, 파열하다
- **剥** 　　动 bō (가죽이나 껍질을) 벗기다
- **野性难训** yěxìng nánxùn 제 멋대로여서 길들이기 어렵다
- **设法** 　　动 shèfǎ 방법을 세우다, 대책을 강구하다
- **袱** 　　名 bāofu 보, 보자기

孙悟空…三藏法师

　　스승과 제자는 걷고 또 걸었다. 그런데 갑자기 앞에 호랑이 한 마리가 뛰어 나오자 당삼장은 놀라서 옷소매로 눈을 가리고는 다시 쳐다보지 못했다. "사부님, 무서워하지 마시고 이 제자가 해치우는 것을 보십시오!" 오공은 말하고서 금고봉을 꺼내 한 번 휘두르니 호랑이의 머리가 터져 버렸고 오공은 가죽을 벗겨 호랑이 가죽옷을 만들어 몸에 걸쳤다. 당삼장은 손오공의 제멋대로 여서 길들이기 어려운 모습을 보고 대책을 세워 그를 굴복시켜야겠다고 속으로 결정을 내리고는 보자기에서 모자 하나를 취해 오공이 쓰도록 했다.

悟空觉得那顶帽子漂亮，就迫不及待地把它戴在头顶上。三藏一看悟空把帽戴上，立刻就念动咒语。这一念，孙悟空紧抱着头，痛得满地打滚。悟空痛得把帽子都撕得粉碎了，但帽子上面的那道"金箍"，却紧紧地嵌在脑壳上，无论怎样都扯不下来。"悟空，你听着！以后你要是调皮不听话，我就念咒语让你头疼！"悟空赶快跪下去，哀求着说："师父！以后我一定听你的话，只求你别再念咒语了！"

生词

- **迫不及待** pò bù jí dāi 사태가 절박하여 기다릴 여유가 없다, 한시도 지체할 수 없다
- **念** 動 niàn 소리내어 읽다, 낭독하다
- **咒语** 名 zhòuyǔ 주문
- **抱头** bào tóu 머리를 감싸다
- **打滚** 動 dǎgǔn 데굴데굴 구르다, 뒹굴다
  - ☞ 满地打滚 : 온 땅을 데굴데굴 구르다.
- **撕** 動 sī 뜯다, 찢다
- **粉碎** 動 fěnsuì 가루로 만들다, 분쇄하다
- **金箍** 名 jīngū 금테
- **嵌** 動 qiàn 새겨 넣다, 끼워 넣다
- **脑壳** 名 nǎoké 머리(통), 골
- **无论** 連 wúlùn …는 물론하고, …에 관계없이
- **扯** 動 chě 뜯다, 찢다
- **跪** 動 guì 무릎을 꿇다
- **哀求** 動 āiqiú 애원하다, 애걸하다

孙悟空…三藏法师

오공은 모자가 매우 예뻐 지체없이 머리에 썼고 삼장은 오공이 모자 쓴 것을 보고 즉시 주문을 외웠다. 주문을 외우자 손오공은 머리를 꽉 감싸 쥐고 아파서 온 땅을 데굴데굴 굴렀고 모자를 모두 가루가 되게 찢어 버렸지만 모자 위에 있던 '금테'는 단단히 머리에 박혀 어떻게 해도 떨어지지 않았다. "오공아, 잘 들어라! 이후부터 말을 듣지 않으면 주문을 외어 네 머리를 아프게 할 것이다!" 오공은 재빨리 무릎을 꿇고 애원하며 말했다. "스승님! 앞으로는 반드시 스승님 말씀을 듣겠사오니 다시는 주문을 외우지 말아 주세요!"

용마

悟空跟着唐三藏昼行夜宿,一路西行。有一天,他们经过一座形势险峻的山,旁边是一口深潭。忽然,一条巨龙张牙舞爪从天而降。悟空连忙抱着三藏法师躲到云端,但是,三藏所骑的马却被巨龙吞掉了。"好呀!你这个妖怪,居然胆敢把我师父的马吃了,现在我就揍死你!"悟空一边说着一边猛挥金箍棒。巨龙招架不住,被打得遍体鳞伤,满地乱滚。

生词

- **昼** 名 zhòu 낮, 대낮
- **宿** 动 sù 숙박하다, 묵다
- **一路** 副 yílù 함께, 모두
  ☞「来, 去, 走」따위 동사와 같이 쓰인다.
- **险峻** 形 xiǎnjùn 험준한, 높고 험한
- **张牙舞爪** zhāng yá wǔ zhǎo 이를 드러내고 발톱을 치켜세우다 : 흉악하게 사람을 위협하다.
- **连忙** 副 liánmáng 얼른, 급히, 재빨리
- **吞** 动 tūn 삼키다
- **胆敢** 副 dǎngǎn 대담하게도, 감히
- **揍** 动 zòu 때리다
- **一边…一边…**
  yìbiān…yìbiān… …하면서 …하다
- **猛** 形 měng 맹렬한, 세찬
- **招架** 动 zhāojià 당해내다, 막아내다
- **遍体鳞伤** biàn tǐ lín shāng 온 몸이 상처투성이다

오공은 당삼장을 따라 낮에는 가고 밤에는 묵으면서 함께 서쪽으로 갔다. 어느 날, 그들은 형세가 험준한 산을 지나고 있었고 그 옆으로는 깊은 못이 하나 있었는데 갑자기 커다란 용 한 마리가 이를 드러내고 발톱을 치켜세우며 하늘에서 내려왔다. 오공은 급히 삼장법사를 안고 구름 속으로 피했지만 삼장이 타던 말은 용이 삼켜 버리고 말았다. "좋아! 이 요괴야, 감히 내 스승님의 말을 먹어 버렸으니 내가 너를 때려죽이겠다!" 오공은 말하면서 금고봉을 세차게 휘둘렀다. 큰 용은 당해내지 못하고 맞아서 온 몸이 상처투성이가 되어 땅에 마구 나뒹굴었다.

"哎哟！猴子大王饶命呀！""那你就把马还给我们！"孙悟空不肯罢休。"可是，我已经把马吞下去了！"唐三藏心里很难过，他流着眼泪说："没有马，怎能跋涉千山万水，到天竺去呢？"巨龙觉得过意不去，就下了决心，诚恳地对三藏法师说："既然如此，那么就让我变做马，驮着你到西方去好了！"于是，三藏法师骑着龙马，和悟空继续往前赶路。

孙悟空…龙马

生词

- **哎哟** 〔嘆〕 āiyō 아야, 아이고
- **饶命** ráo mìng 목숨을 살려 주다
- **还** 〔動〕 huán 돌려주다, 반납하다
- **不肯** bùkěn …하려고 하지 않다
- **罢休** 〔動〕 bàxiū 그만 두다, 중지하다
  ☞ 대개 부정문에 쓰인다.
- **难过** 〔形〕 nánguò 괴로운, 슬픈
- **跋涉** 〔動〕 báshè 산을 넘고 물을 건너다
  ☞ 여행길이 고생스러움을 형용한다.
- **过意不去** guò yì bú qù 미안해하다, 죄송하게 생각하다
- **诚恳** 〔形〕 chéngkěn 성실한, 간절한
- **既然如此** jìránrúcǐ 이렇게 된 이상
- **驮** 〔動〕 tuó 등에 지다, 싣다
- **赶路** 〔動〕 gǎn lù 길을 재촉하다, 서둘러 가다

"아이고! 원숭이 대왕님, 목숨 좀 살려 주세요!" "그럼 말을 내놓아라!" 손오공은 그만두려 하지 않았다. "그러나 말을 이미 삼켜 버렸는데요!" 당삼장은 매우 슬퍼 눈물을 흘리며 말했다. "말이 없이 어떻게 수많은 산과 강을 건너고 멀고도 험한 길을 지나 천축으로 갈 수 있단 말이냐?" 큰 용은 미안하게 생각하고는 결심을 하고 간절하게 삼장법사에게 말했다. "이렇게 된 이상, 제가 말로 변해서 당신들을 싣고 서방으로 가면 좋겠는데요!" 이리하여 삼장법사는 용마(龍馬)를 타고 손오공과 계속 가던 길을 재촉했다.

저팔계

孫悟空…猪八戒

往西天走啊走,有一天,他们来到一个村庄。看看天色已晚,他们准备到民家去借宿。他们找了一户人家,就上去敲门。主人倒很热心,满口答应他们借宿的要求。但是,孙悟空看得出来,主人似乎忧心忡忡的样子。探问的结果。才知道有一个极其丑陋的妖怪,要在今晚强娶他的女儿。"哦!原来是这么一回事,你

放心！今天晚上让我来捉妖怪！"说
fàng xīn   jīn tiān wǎn shang ràng wǒ lái zhuō yāo guai   shuō
着，就摇身一变，变做主人那女儿的
zhe   jiù yáo shēn yí biàn   biàn zuò zhǔ rén nà nǚ ér de
摸样。
mú yàng

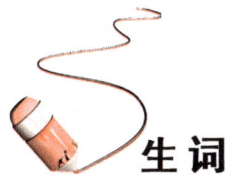

生词

- **猪八戒**　　专名　Zhū Bājiè 猪八戒
- **村庄**　　　名　cūnzhuāng 마을, 촌락, 부락
- **天色**　　　名　tiānsè 날, 시간
  - ☞ 天色已晚 : 날이 이미 저물었다, 시간이 이미 늦었다.
- **借宿**　　　jiè sù 남의 집에서 묵다
- **人家**　　　名　인가, (사람이 사는) 집
- **敲门**　　　qiāo mén 문을 두드리다
- **满口答应**　mǎnkǒu dāying 쾌히 승낙하다
- **似乎**　　　副　sìhu 마치 …인 듯하다
- **忧心忡忡**　yōuxīn chōngchōng 근심 걱정에 싸이다, 매우 시름겹다
- **探问**　　　动　tànwèn 탐문하다, 알아보다
- **极其**　　　副　jíqí 지극히, 매우
- **丑陋**　　　形　chǒulòu 용모가 추한
- **妖怪**　　　名　yāoguai 요괴

- 强   副 qiáng 강제로
- 娶   動 qǔ 장가들다, 아내를 얻다
- 放心   fàng xīn 마음을 놓다, 안심하다
- 捉   動 zhuō 잡다, 사로잡다

서쪽을 향해 가고 또 가서 하루는 어느 마을로 오게 되었고 날이 이미 저물어 그들은 민가에서 하룻밤을 묵으려 하였다. 그들은 한 인가를 찾아 문을 두드렸다. 그 주인은 매우 친절해 그들이 하루 밤 묵어 가는 것을 쾌히 승낙했다. 그러나 손오공은 주인이 매우 시름에 잠겨있는 것 같아 보여 물어 본 결과 매우 추하게 생긴 요괴가 그날 밤 그의 딸을 강제로 아내로 맞아들이려 한다는 것을 알았다. "아하! 알고 보니 이런 일이 있었군요. 안심하십시오! 오늘밤에 제가 요괴를 잡겠습니다!" 말하고 나서 몸을 흔들며 모습을 바꿔 주인의 딸로 변신했다.

到了深夜,屋外突然刮起一阵狂风,接着,从空中降下一个黑脸短毛,长嘴大耳朵,模样像猪猡一般的怪物。"可爱的姑娘,我来和你成亲啦!"那妖怪一进房门,就紧紧搂住由孙悟空所变的娇滴滴的小姐。"我等你很久了,我们来成亲吧!"孙悟空立刻变回原形,拿起金箍棒朝妖怪身上就打。妖怪一看情形不对,就想踏云溜走,孙悟空也翻上筋斗云,一面追赶,一面喊叫:"你有什

么本事， 敢和我打， 不快快投降！我
的师父唐三藏心肠很软，或许会饶
你一命哩！"

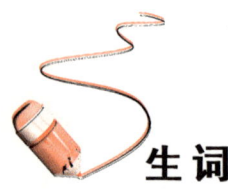

生词

- 刮　　　　　　动 guā 바람이 불다
- 一阵狂风　　yízhèn kuángfēng 일진광풍
- 肥　　　　　　形 féi 살찐
- 猪猡　　　　　名 zhūluó 돼지
- 可爱　　　　　形 kě'ài 귀여운, 사랑스러운
- 成亲　　　　chéng qīn 결혼하다
- 一…就…　　yí…jiù… …하자마자 …하다
- 搂　　　　　　动 lǒu 껴안다
- 由　　　　　　介 yóu …이(가), …께서 ☞ 동작의 주체를 나타낸다.
- 娇滴滴　　　　形 jiāodīdī 여리고 귀여운, 애교스러운
- 不对　　　　　形 búduì 심상치 않은, 정상이 아닌
- 一面… 一面…
　　　　　　　　连 yímiàn… yímiàn… …하면서 …하다
- 追赶　　　　　动 zhuīgǎn 뒤쫓다, 쫓아가다

- **时务**　　　名 shíwù 당면한 업무나 정세
　　　　　　　☞ 识时务 : 당면한 정세를 인식하다.
- **心肠**　　　名 xīncháng 마음씨, 성격
- **软**　　　　形 ruǎn 부드러운, 온화한
- **或许**　　　副 huòxǔ 아마, 혹시(…일지도 모른다)

● 孙悟空∵猪八戒

깊은 밤이 되자, 집 밖에는 갑자기 일진 광풍이 불더니 이어서 하늘로부터 검은 얼굴에 짧은 털, 긴 입과 큰 귀를 가진, 모양이 돼지처럼 생긴 괴물이 내려 왔다. "사랑스러운 아가씨, 내가 당신과 결혼하러 왔소!" 그 요괴는 방문을 들어서자마자 아리따운 처녀로 변신한 손오공을 꽉 껴안았다. "제가 당신을 오래 기다렸어요, 우리 결혼해요!" 손오공은 즉시 원래의 모습으로 돌아가서 금고봉을 들고 요괴를 향해 내리 쳤다. 요괴는 상황이 심상치 않다고 보고 바로 구름에 올라 슬그머니 빠져나가려 했고 손오공 역시 근두운을 타고 뒤쫓아가면서 소리쳤다. "네가 무슨 능력이 있어 감히 나와 싸우며 빨리 투항하지 않는 거냐! 내 스승이신 당삼장께서는 마음씨가 좋으셔서 아마 네 목숨을 살려 주실지도 몰라!"

那妖怪听到"唐三藏"这三个字,立刻停了下来,并举双手投降,说:"你这猴子为什么不早说呢?我正在等着你们啊!"于是,孙悟空便揪着妖怪的大耳朵,去见三藏法师,便自我介绍说:"我叫'猪八戒',以前是天上的'天蓬元帅',只因为喝醉了酒,做了错事,被赶出天宫;又因投胎时一时慌张,跑到母猪肚子里去,结果变成这副怪摸样。要是三藏法师肯收容我,我也愿意到西天去取经。"三藏法师非常高兴,便收留猪八戒,做了二徒弟,而孙悟空也有了师弟。

生词

- 揪   動 jiū 붙잡다, 끌어당기다
- 元帅   名 yuánshuài 원수, 총사령관
- 赶   動 gǎn 쫓아버리다, 내쫓다
- 投胎   tóu tāi 환생하다
- 慌张   形 huāngzhāng 당황한, 허둥대는
- 副   量 fù 얼굴 표정을 나타낼 때 쓰인다
- 怪   形 guài 이상한, 괴상한
- 收容   動 shōuróng 수용하다, 받아들이다
- 收留   動 shōuliú (생활이 곤란하거나 특별한 사정이 있는 사람을) 떠맡다, 받아들이다
- 师弟   名 shīdì 후배, 사제

• 孙悟空…猪八戒

그 요괴는 '당삼장'이라는 세 글자를 듣고 즉시 멈춰서 두 손을 들고 투항하며 말했다. "왜 일찍 말하지 않았어요? 제가 당신들을 기다리고 있었습니다!" 이리하여 손오공은 요괴의 귀를 잡아끌고 가 삼장법사에게 보였다. 요괴는 당삼장을 보자 자신을 소개하며 말했다. "저는 '저팔계(猪八戒)'라고 합니다. 전에는 하늘의 '천봉원수(天蓬元帥)'였는데 술에 취해 잘못을 저질러 천궁에서 쫓겨났습니다. 환생할 때에 잠시 허둥대다 어미돼지의 배속으로 들어가서는 결과적으로 이런 괴상한 모습이 되었습니다. 만약 삼장법사님께서 저를 받아 주신다면 저 또한 서방에 불경을 구하러 가길 원합니다." 삼장법사는 매우 기뻐하며 저팔계를 받아들여 둘째 제자로 삼으니 손오공도 아래 동생이 생겼다.

사오정

师徒三人,翻过一道道山,越过一道道岭,前边的路忽然被一条大河拦住了。那条河叫做"流沙河"。

"这么宽的河,我们怎样过去呢?"三藏显得很忧愁。"大师兄,我们驾着云过去吧!"猪八戒提出意见。"笨蛋!我们会驾云,师父可怎么办?"师徒三人正在伤脑筋的时候,突然,河中竟钻出一个面貌凶恶的妖怪来。悟空赶快保护住师父,而猪八戒却拿起钉耙,和那妖怪打了起来。

孙悟空⋯沙悟净

# 生词

- 沙悟净 　专名　Shā Wùjìng 沙悟淨
- 道 　量　dào 줄기(강, 하천 같은 긴 것을 세는데 쓰임)
- 拦住 　　lán zhù 꽉 막히다, 차단하다
- 岸边 　名　ànbiān (강)변, 기슭
- 宽 　形　kuān 넓은
- 显得 　動　xiǎnde …하게 보이다, …인 것처럼 보이다
- 忧愁 　形　yōuchóu 우울한, 걱정스러운
- 笨蛋 　名　bèndàn 바보, 멍청이
- 伤脑筋 　　shāng nǎojīn 골머리를 앓다, 애를 먹다
- 钻 　動　zuān 뚫다
- 面貌 　名　miànmào 용모, 얼굴 생김새
- 凶恶 　形　xiōng'è 흉악한
- 保护 　名,動　bǎohù 보호(하다)
- 钉耙 　名　dīngpá 갈퀴

　　사제 세 사람은 산을 넘고 고개를 건넜다. 갑자기 앞쪽의 길이 큰 강에 가로 막혔다. 그것은 '유사하(流沙河)'라는 강이었다. "이렇게 넓은 강을 우리가 어떻게 건너지?" 삼장은 걱정스러운 것처럼 보였다. "큰 형님, 우리는 구름을 타고 지나갑시다!" 저팔계가 의견을 내놓았다. "멍청아! 우리는 구름을 탈 수 있지만 스승님은 어떻게 하시냐?" 사제 세 사람이 골머리를 앓고 있을 때, 강속에서 갑자기 얼굴 생김새가 흉악한 요괴 하나가 나타났다. 오공은 재빨리 사부를 보호했고 저팔계는 갈퀴를 들어 그 요괴를 치기 시작했다.

悟空把师父安顿好了之后，就帮着八戒来围攻妖怪，妖怪抵挡不住，只好投降了。"原来你们是要到天竺去取经呀！带着我一道去好不好？"

"我叫'沙悟净'，以前是天上的一名大将，只因偶然犯了错，玉皇大帝便把我贬到人世来。"唐三藏非常高兴，就把沙悟净收留下来，收做第三个徒弟。从此，孙悟空和猪八戒，就成为沙悟净的大师兄和二师兄。为了要渡过流沙河，沙悟净略施法术，变了一只大葫芦船，师徒四人安然渡过八百里宽的流沙河。

● 孙悟空：沙悟净

生词

- **安顿** 　動　āndùn 안착하다, 안정시키다
- **围攻** 　名,動　wéigōng 포위 공격(하다)
- **偶然** 　副　ǒurán 우연히, 뜻밖에
- **犯错** 　　fàn cuò 잘못을 저지르다
- **为了** 　介　wèile …을 위하여
- **渡** 　動　dù 건너다
- **略** 　形　lüè 간단한, 단순한
- **施** 　動　shī 시행하다, 실시하다
- **只** 　量　zhī 척 ☞ 배를 세는 단위.
- **葫芦** 　名　húlu 조롱박, 표주박
- **安然** 　形　ānrán 무사한, 평온한

손오공은 사부를 안전한 곳에 모셔 놓은 후 저팔계를 도와 요괴를 포위 공격하니 요괴는 막아 내지 못하고 투항할 수밖에 없었다. "당신들은 원래 천축으로 불경을 구하러 가시는 길이니 저를 데리고 가는 것이 좋지 않을까요?" "저는 '사오정(沙悟淨)'이라 하고 전에는 하늘의 이름 높은 장군이었는데 우연히 잘못을 저질러 옥황상제께서 저를 인간 세상으로 쫓아 버렸습니다." 당삼장은 매우 기뻐하며 사오정을 받아들여 셋째 제자로 삼았다. 이 때부터 손오공과 저팔계는 사오정의 큰형과 둘째형이 되었다. 유사하를 건너기 위해서 사오정은 간단한 술법으로 큰 조롱박 배를 만들어 사제 네 사람은 800리나 되는 유사하를 무사히 건넜다.

당삼장 손오공을 쫓아내다

孫悟空…唐三藏趕走孫悟空

师徒四个人，不停地往西走。时间匆匆，又是一年的深秋时节了。某一天的黄昏，一行人正走在崎岖的山路上，因为大家的肚子都很饿了。孙悟空就奉命到附近村庄里去寻找食物。这座山里有一个妖怪，这时候却变成个很好看很好看的姑娘，提着一只篮子向他们走过来，说

:"你们一定是又累又饥吧!这一蓝食物,让大家充饥吧!"猪八戒最是贪食了,又何况现在饥肠辘辘呢!正准备伸手抓食物来吃。孙悟空正好回来,一看,真来了个妖精,闷声不响,就一棒把小姑娘敲死了。

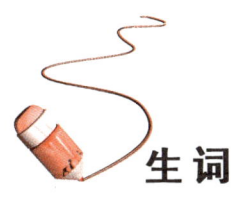

生词

- 匆匆　　　　形 cōngcōng 매우 빠른 모양, 황급한 모양
- 深秋　　　　名 shēnqiū 늦가을, 만추
- 黄昏　　　　名 huánghūn 황혼, 해질 무렵
- 崎岖　　　　形 qíqū 울퉁불퉁한, 험한
- 奉命　　　　fèng mìng 명령을 받다, 명령에 따르다
- 提　　　　　动 tí 손에 들다
- 篮子　　　　名 lánzi 바구니, 광주리
- 饥　　　　　形 jī 배고픈, 굶주린
- 充饥　　　　chōng jī 요기하다, 배를 채우다

- **贪食** 　　動 tānshí 탐식하다, 음식 욕심이 많다
- **何况** 　　連 hékuàng 하물며, 더군다나
- **饥肠辘辘** 　jīcháng lùlù 배가 고파 속에서 꼬르륵 소리가 나다
- **妖精** 　　名 yāojing 요괴, 요부
- **闷声不响** 　mēnshēng bùxiǎng 소리 내지 않고 잠자코 있다
- **敲** 　　動 qiāo 두드리다, 치다, 때리다

사제 네 사람은 쉬지 않고 서쪽으로 향해 갔다. 시간은 빨리 지나 또다시 한 해의 늦가을에 들어섰다. 어느 날 해질 무렵, 일행은 험한 산길을 걸어가고 있었고 모두 배가 고파서 손오공은 명령대로 부근 마을에 먹을 것을 구하러 갔다. 이 산에는 요괴가 있었는데 이때 아름다운 처녀로 변해 바구니 하나를 들고 그들을 향해 걸어 와서는 말했다. "당신들은 틀림없이 피곤하고 배가 고플거예요! 이 바구니 안에 있는 음식으로 요기 좀 하시지요!" 저팔계는 제일 음식 욕심이 많았고 더군다나 지금 배가 고파 속에서 꼬르륵 소리까지 났으니, 바로 손을 내밀어 음식을 집어먹으려 했다. 손오공이 막 돌아 와서는 정말로 요괴가 온 것을 보고는 소리 없이 잠자코 있다 한 방에 쳐서 숨지게 했다.

悟空说:"师父千万别上当,她是个妖怪啊!如果不相信,请查看蓝子里究竟装些什么东西?"三藏把蓝子翻动一下,里面果然不是食物,而是一些令人恶心的蛆虫。可是猪八戒却在冷笑着说:"师父,那明明是好人,师兄打死了人,害怕师父念咒语来处罚,所以就用法术,把篮子里的食物变做蛆虫了!"三藏真糊涂,一听就信八戒话,觉得很有道理。就在这时候,有一位老婆婆走了过来,抱着那姑娘的尸体大哭。"一定是这个姑娘的母亲!"八戒说。"不是的,她也是妖怪!"悟空说着,又一棒把老太婆打死了。

孙悟空∶唐三藏赶走孙悟空

# 生词

- 千万　　　副 qiānwàn 부디, 제발
- 上当　　　shàng dàng 속다, 꾐에 빠지다
- 查看　　　動 chákàn 조사하다, 검사하다
- 装　　　　動 zhuāng 담다, 채워 넣다
- 翻动　　　動 fāndòng 원래의 위치나 모양을 바꾸다
- 恶心　　　名動 ěxin 구역질(이 나다)
- 蛆虫　　　名 qūchóng 구더기
- 糊涂　　　形 hútú 어리석은, 어리둥절한
- 处罚　　　動 chǔfá 처벌하다
- 道理　　　名 dàolǐ 일리, 이치, 근거
- 尸体　　　名 shītǐ 시체

　　"사부님 제발 속지 마세요, 그 여자는 요괴라구요! 만약 믿지 못하시면 바구니 안을 보십시오, 도대체 무엇이 담겨져 있습니까?" 오공이 말했다. 삼장이 바구니를 한 번 보니 안에는 과연 음식이 아니라 구역질나게 하는 구더기가 있었다. 그러나 저팔계는 오히려 쓴웃음을 지으며 말했다. "사부님, 그 아가씨는 분명히 좋은 사람이에요, 반드시 큰 형님이 사람을 죽이고는 사부님께 주문으로 처벌받을 것이 두려워 술법을 써서 바구니 안의 음식을 구더기로 변하게 한 거예요!" 삼장은 어리석게도 저팔계의 말을 듣고 믿어버렸다. 바로 이 때, 할머니 한 분이 걸어 와서 그 처녀의 시체를 끌어안고 크게 울었다. "이 처녀의 어머님이 분명해!" 팔계는 말했다. "아니, 저것 역시 요괴야!" 오공은 말하고 나서 할머니 역시 한방에 쳐서 숨지게 했다.

唐三藏看到孙悟空一下子就打死了两个人，非常生气，就大声责骂："你这样野蛮，我也让你受些罪！"于是，就不停念着"紧箍咒"，痛得孙悟空抱着头满地打滚。"师父！求你不要再念了！"他哀嚎着说，"师父，他们真的是妖怪啊！你一定要相信我！"三藏却不肯原谅他，怒声地说："胡说，哪有这么多妖精？我再也不要这种徒弟了！你走吧！"虽然孙悟空一再苦苦哀求，但是唐三藏绝不回心转意。到了这种地步，孙悟空只好含泪离开师父了。

生词

- **责骂** 　　動 zémà 호되게 꾸짖다, 책망하며 욕하다
- **野蛮** 　　形 yěmán 잔인한, 난폭한
- **受罪** 　　動 shòuzuì 혼쭐나다, 고생하다
- **哀嚎** 　　動 āiháo 울부짖다
- **原谅** 　　動 yuánliàng 양해하다, 용서하다
- **虽然但是** suīrán… dànshì… 비록 …하지만
- **一再** 　　副 yízài 몇 번이나, 거듭, 누차
- **绝** 　　副 jué 절대로, 결코
- **回心转意** huí xīn zhuǎn yì 마음을 돌리다, 태도를 바꾸다
- **地步** 　　名 dìbù (좋지 않은) 형편, 지경, 처지
- **含泪** 　　hán lèi 눈물을 머금다(글썽이다)

　　당삼장은 손오공이 한 번에 두 사람을 쳐서 숨지게 하는 것을 보고 매우 화가 나서 큰 소리로 호되게 꾸짖으며 "네 이렇게 잔인하다니, 너도 혼 좀 나봐라!" 이리하여 끊임없이 '긴고주(緊箍咒)' - 테를 바짝 조이게 하는 주문 - 를 외워 손오공은 아파서 머리를 쥐고는 온 땅을 데굴데굴 굴렀다. "사부님! 다시 주문을 외우지 말아 주세요!" 그는 울부짖으며 말했다. "사부님, 그들은 정말 요괴입니다. 반드시 제 말을 믿으셔야 해요!" 삼장법사는 그를 용서하지 않고 노한 목소리로 "터무니없는 말을 하다니, 어디 그렇게 많은 요괴가 있다더냐? 내 다시는 너 같은 제자를 원치 않는다! 가거라!" 비록 손오공이 거듭 애원했지만 당삼장은 결코 마음을 돌리지 않았다. 이 지경에 이르자, 손오공은 눈물을 머금고 스승 곁을 떠날 수밖에 없었다.

孙悟空驾着筋斗云，回到花果山去了，猢狲们兴高采烈地前来欢迎他。自从孙悟空离开以后，花果山就日渐荒凉破败了。于是孙悟空就率领着山中的猴子，大加整顿。没有多久，花果山又恢复往日的旺盛了，而孙悟空又重新过着自由自在的生活了。但是有时候，孙悟空会在晚上，一个人在山顶上，静静望着夜空出神，长声叹息。有一天，猪八戒突然驾着云，找到花果山来。"大师兄！师父被妖精抓走了！赶快去救！"猪八戒气急败坏地说。

生词

- **兴高采烈** xìng gāo cǎi liè 신바람나다
- **日渐** 副 rìjiàn 나날이, 날마다
- **荒凉** 形 huāngliáng 황량하고 적막한
- **破败** 动 pòbài 무너지다, 퇴락하다
- **加** 动 jiā (어떤 동작을) 가하다
- **整顿** 名,动 zhěngdùn 정돈(하다)
- **往日** 名 wǎngrì 이전, 지난날
- **旺盛** 形 wàngshèng 왕성한, 강한
- **重新** 副 chóngxīn 다시, 새로이
- **出神** chū shén 어떤 일에 몰두하여 표정이 멍해지다, 정신이 나가다
- **气急败坏** qì jí bài huài 다급하여 정신을 못 차리다, 몹시 허둥거리다

손오공이 근두운을 몰고 화과산으로 돌아갔다. 원숭이들은 신이 나서 다가와 그를 환영했다. 손오공이 떠난 이후, 화과산은 나날이 황량하게 무너져 가고 있었다. 이리하여 손오공은 산 속의 원숭이를 거느리고 크게 정돈하기 시작했다. 얼마 안 가서 화과산은 지난날의 왕성함을 되찾았고 손오공 또한 다시 자유로운 생활을 하게 되었다. 그러나 어떤 때 손오공은 밤에 산꼭대기에 혼자 앉아서 조용히 밤하늘을 멍하니 바라보다 길게 한숨을 쉬기도 했다. 어느 날, 저팔계가 갑자기 구름을 몰고 화과산에 찾아 왔다. "큰 형님! 사부님께서 요괴에게 잡혀 갔어요! 빨리 가서 구해주세요!" 저팔계는 다급해서 어쩔 줄을 모르며 말했다.

原来自从孙悟空被赶走以后,唐三藏师徒继续西行。谁知当经过一座险恶的山岭时,突然有一个妖怪,趁着大家不备,就把三藏法师抓走了,行李没了,马也不见了。悟空一听,就拿起金箍棒,和猪八戒一起来到那座险恶的山岭。悟空立即在洞口叫阵:"喂!妖怪你听清楚了!我是唐三藏法师的大徒弟,是齐天大圣孙悟空,你放了我师父,那便罢了;否则,我要敲碎你的脑袋!"不久,那个妖怪从洞里跑出来了。一看他,便哈哈大笑:"我以为是什么厉害的人物呢!原来只是一个小猴子!哈哈哈!哈哈哈!"

● 孙悟空::唐三藏赶走孙悟空

 **生词**

- **谁知**　　shuízhī 누가 …알겠는가, 아무도…일 줄 모르다
- **险恶**　　^形 xiǎn'è 험악한, 위험한
- **趁**　　　^動 chèn (기회·때를) 타다, 이용하다
- **叫阵**　　jiào zhèn (적진 앞에서 고함을 치며) 도전하다
- **罢**　　　^動 bà 그만두다, 중지하다
- **否则**　　^連 fǒuzé 만약 그렇지 않으면

　　알고 보니 손오공이 쫓겨난 후, 당삼장과 제자들은 계속 서쪽으로 갔고 험악한 산봉우리를 지날 때 갑자기 요괴가 나타날 줄 아무도 몰라 모두 대처하지 못하는 틈을 이용해 삼장법사를 잡아갔으며 짐도 없고 말도 없어졌다는 것이다. 오공은 듣고서 금고봉을 들고 저팔계와 같이 험악한 산봉우리에 도착했다. 오공은 즉시 동굴 입구에서 소리를 치며 도전했다. "이봐! 요괴 너는 분명히 들어라! 내가 삼장법사님의 큰 제자요, 제천 대성 손오공이다. 내 사부님을 놓아주면 그만 두지만 만약 그렇지 않으면 네 머리를 박살내겠다!" 오래지 않아 그 요괴는 동굴에서 뛰어 나와 손오공을 보자마자 하하하고 크게 웃었다. "나는 무슨 무서운 인물인 줄 알았는데 알고 보니 조그마한 원숭이 한 마리잖아! 하하하! 하하하!"

"可恶！竟敢瞧不起我！"孙悟空挥棒就打。接着，猪八戒和沙悟净也赶来助战，最后把妖怪打死了。唐三藏自从被妖怪抓走了以后，被妖怪施了法术，变成一只老虎关在笼子里。现在，孙悟空就出现在唐三藏面前了。当他看到师父被变做老虎这种摸样时，又觉好笑，又觉心酸，于是，立即施行法术，让师父恢复原形。三藏恢复原形以后，紧紧抱住悟空，流着眼泪不好意思的说："悟空，师父错了！希望你不要记恨在心！""过去的事

● 孙悟空⋯唐三藏赶走孙悟空

就不提了。只希望师父以后别再赶
jiù bú dī le   zhǐ xī wàng shī fu yǐ hòu bié zài gǎn

走徒儿就好了!"
zǒu tú er jiù hǎo le

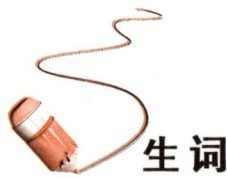

生词

- 助战　　　zhù zhàn 싸움을 돕다, 전쟁을 돕다
- 关　　　　動 guān 가두다, 감금하다
- 笼子　　　名 lóngzi 새장
- 心酸　　　xīn suān 슬프다, 비통하다
- 施行　　　動 shīxíng 시행하다, 행하다
- 提　　　　動 tí (말을) 꺼내다, 언급하다

"괘씸한 것! 감히 나를 무시해!" 손오공은 봉을 휘둘러 치기 시작했고 이어서 저팔계와 사오정 역시 따라 와서 싸움을 도와 최후에는 요괴를 물리쳤다. 당삼장은 요괴에게 잡혀 간 후, 요괴의 마법에 걸려서 한 마리 호랑이로 변해 새장에 갇혀 있었다. 그 때, 손오공이 삼장의 눈앞에 나타났다. 그는 사부가 호랑이로 변해 있는 모양을 보고 우습기도 하고 슬프기도 했다. 그래서 즉시 술법을 부려 사부로 하여금 원래의 모습으로 돌아오게 했다. 삼장은 본 모습을 되찾은 후, 오공을 꽉 껴안고 눈물을 흘리며 말했다."오공아, 사부가 잘못했다. 마음에 원한을 갖지 말기를 바란다!" "지난 일은 말하지 마세요. 다만 이후에는 다시 제자를 내쫓지 않으시면 돼요!"

금각 대왕과 은각 대왕

孙悟空…金角大王和银角大王

师徒四人继续着艰难的旅程，不知不觉又是一年的春天。这一天，他们走到一座高山的面前。山坡上有一个樵夫向他们警告："看来你们是外方人氏，山洞里有两个妖怪，可千万要留神啊！"猪八戒想要显显本领，就争着要去抓妖怪。没想八戒只走到半路，就被几十个小妖怪层层包围着。虽然他舞动钉耙奋力抵抗，无奈对方人多势众，他一时失慎，就被小妖们一拥而上绑了起来。

生词

- **山坡** 名 shānpō 산비탈
- **樵夫** 名 qiáofū 나무꾼
- **警告** 名,動 jǐnggào 경고(하다)
- **想必** 副 xiǎngbì 반드시, 틀림없이
- **外方人氏** wàifāng rénshì 외부 사람
- **留神** liú shén 주의하다, 조심하다
- **显** 動 xiǎn 드러내다, 보이다
- **层层** 形 céngcéng 여러 층으로 거듭 포개어진 모양
- **包围** 動 bāowéi 포위하다, 둘러싸다
- **奋力** 動 fènlì 힘을 내다, 분발하다
- **抵抗** 名,動 dǐkàng 저항(하다)
- **无奈** wúnài 어찌 할 도리가 없다, 할 수 없다
- **失慎** 動 shīshèn 소홀히 하다, 신중을 기하지 않다
- **拥** 動 yōng 둘러싸다, 에워싸다
- **绑** 動 bǎng 꼭꼭 묶다, 결박하다

孙悟空…金角大王和银角大王

사제 네 사람은 힘든 여정을 계속 했고 알지 못하는 사이 또 봄이 왔다. 어느 날, 그들은 높은 산 앞까지 걸어갔다. 산비탈에서 한 농부가 경고하기를 "보아하니 당신들은 외부에서 온 사람들 같은데 이 산굴에는 요괴 두 마리가 살고 있으니 부디 조심하셔야 합니다!" 저팔계는 기량을 뽐내며 앞다투어 가서 요괴를 잡으려 했다. 생각지도 못하게 저팔계가 절반쯤 걸어 갔을 때 몇 십 마리의 작은 요괴들이 겹겹이 에워쌌고 비록 그가 갈퀴를 휘두르며 힘을 내 저항했지만 상대가 수와 기세에서 앞서 어찌 할 도리 없이 잠시 소홀해진 틈에 요괴들에게 둘러싸여 결박당했다.

正在这时候，附近树林里有人在喊救命。沙悟净赶快跑过去，只见有个老人躺在地上叫唤，立刻背着回来，准备急救。唐三藏和另外两个徒弟，在山脚下左等右等，等得有点焦急。孙悟空猜想："猪八戒这家伙，恐怕是躲到什么地方睡大觉去了！"包裹了伤口，唐三藏让悟净把这奄奄一息的老人扶上马背，准备送他回家养伤。没想到这老人，竟

然摇身一变，现出了妖怪的原形；而
rán yáo shēn yí biàn   xiàn chū le yāo guai de yuán xíng   ér
且一下子，又把身体变得像山一样
qiě yí xià zi   yòu bǎ shēn tǐ biàn de xiàng shān yí yàng
高，右手抓着唐三藏，左手抓住沙悟
gāo   yòu shǒu zhuā zhe táng sān zàng   zuǒ shǒu zhuā zhù shā wù
净。
jìng

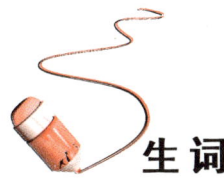 **生词**

- **救命**　　　動 jiùmìng ① 목숨을 구하다 ② 사람 살려!
  ☞ 급히 구조를 청하여 부르짖는 말.
- **受重伤**　　shòu zhòngshāng 중상을 입다
- **背**　　　　動 bēi 업다, 등에 짊어지다
- **急救**　　　名動 jíjiù 응급 치료(를 하다)
- **左等右等**　zuǒ děng yòu děng 조바심 내며 초조하게 기다리다
- **焦急**　　　動 jiāojí 초조해 하다, 애태우다
- **猜想**　　　動 cāixiǎng 추측하다
- **家伙**　　　名 jiāhuo 녀석, 자식
  ☞ 사람을 깔보거나 서로 친해서 막 부르는 칭호.
- **恐怕**　　　副 kǒngpà 아마 …일 것이다
- **包裹**　　　動 bāoguǒ 싸다, 포장하다

- **伤口**   名 shāngkǒu 상처
- **奄奄一息**   yán yǎn yì xī 마지막 숨을 모으다, 숨이 간들간들하다
- **扶**   动 fú 의지하다, 기대다
- **养伤**   动 yǎngshāng 상처를 치료하다, 요양하다

바로 이 때, 근처 숲 속에서 도움을 청하는 사람의 소리가 났다. 사오정은 땅에 누워 소리치고 있는 노인을 발견하고는 즉시 업고 와서 응급 치료를 하려 했다. 당삼장과 다른 두 제자는 산 아래에서 조바심 내며 초초하게 기다리고 있었다. 손오공이 추측하길 "저팔계 이 녀석, 아마 어디 숨어서 푹 자러 갔을 거야!" 상처를 싸매고 나서 당삼장은 숨이 간들간들한 노인을 사오정으로 하여금 말 등에 싣고 집으로 돌려보내 상처를 치료하게 하려 했다. 노인이 몸을 바꿔 요괴의 본모습을 드러냈다. 그리고 한 번에 몸이 산처럼 커져서는 오른손에 당삼장을, 왼손에 사오정을 쥐고 있었다.

孙悟空立即挥动金箍棒,攻击那妖怪的要害。妖怪看到悟空武艺高超,难以招架,马上念动咒语,忽然,三座大山从空而降。孙悟空一时没有留神,就被三座大山紧紧压住,一点力气也没有。孙悟空又气又恨,气得哇哇大叫:"你这可恶的妖魔,把我压在山下,又把我师父抓

● 孙悟空⋯⋯金角大王和银角大王

走，我要和你拼到底！"他那凄厉悲愤的喊叫声，惊动了山里的土地神。"齐天大圣保护着唐三藏到西方取经，现在有了灾难，我们去救他吧！"土地神们在商量着。"对啊！救助齐天大圣，我们义不容辞，就立刻采取行动吧！"土地神们就这样决定了。

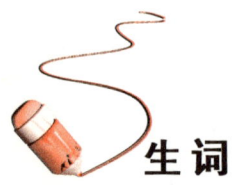

生词

- 攻击　　名,動　gōngjī　공격(하다)
- 要害　　名　　yàohài　신체의 급소
- 武艺　　名　　wǔyì　무예
- 高超　　形　　gāochāo　우수한, 출중한
- 难以　　形　　nányǐ　…하기 어려운, …하기 곤란한
- 招架　　動　　zhāojià　저항하다, 막아내다
- 恨　　　名,動　hèn　증오(하다), 원망(하다)

- **拼到底**　　pīndàodǐ 최후까지 싸우다
- **凄厉**　　　形 qīlì (소리가) 처량하고 날카로운
- **悲愤**　　　形 bēifèn 슬프고 분한, 비분한
- **土地神**　　名 tǔdìshén 토지신, 마을 수호신
- **惊动**　　　动 jīngdòng 놀라게 하다, 시끄럽게 하다
- **商量**　　　动 shāngliang 상의하다, 의논하다
- **义不容辞**　yì bù róng cí 도의상 거절할 수 없다
- **采取**　　　动 cǎiqǔ 취하다, 채택하다

● 孙悟空…金角大王和银角大王

　　손오공은 즉시 금고봉을 휘두르며 요괴의 급소를 공격하였다. 요괴가 오공의 무예가 출중하여 막아내기 어렵다고 보고 당장 주문을 외우자 갑자기 세 개의 큰산이 하늘에서 떨어졌다. 손오공은 잠시 주의하지 못한 사이 세 개의 산에 의해 단단히 눌려 조금도 힘이 없었다. 손오공은 화도 냈고 증오도 하며 엉엉하고 크게 울부짖었다. "이 괘씸한 요괴 같으니, 나를 산밑에 가두고 내 사부님을 잡아갔어. 내가 끝까지 너랑 싸울테다!" 그의 처량하고도 분한 함성 소리는 그 산의 토지신을 놀라게 했다. "제천 대성이 당삼장을 보호하며 서방으로 불경을 구하러 가다가 재난을 당했으니 우리가 구하러 갑시다." 토지신들은 서로 상의했다. "맞습니다! 제천 대성을 구하는 것은 우리의 도의상 거절할 수 없는 일이니 즉시 행동을 취합시다!" 토지신들은 이렇게 결정을 내렸다.

于是，土地神念咒语，把山移开了，把孙悟空救了出来。孙悟空拜谢了土地神救命之恩以后，就驾着筋斗云，朝妖怪所盘据的巢穴飞去。原来这一座险恶的山，是被两个妖怪盘据着，他们是亲兄弟，哥哥叫做金角，弟弟叫做银角。"哥哥！今天运气真不坏，我们抓到了唐三藏！""不坏！不坏！吃他的肉，我们好一起长生不老呀！我们要好好庆祝一番！金角眉飞色舞地说。

 **生词**

- **拜谢**　　〔動〕 bàixiè 삼가 감사드리다
- **盘据**　　〔動〕 pánjù 점령하여 의거하다, 둥지를 틀고 들어앉다
- **巢穴**　　〔名〕 cháoxué 소굴
- **听说**　　　　 tīng shuō 듣자니 …라 한다, 듣는 바로는 …라 한다
- **长生不老**　　 cháng shēng bù lǎo 불로장생, 늙지 않고 오래오래 살다
- **眉飞色舞**　　 méi fēi sè wǔ 희색이 만면하다

　　이리하여 토지신은 주문을 외워서 산을 옮기고 손오공을 구해냈다. 손오공은 토지신께 목숨을 구해 준 은혜에 감사를 드린 후, 근두운을 몰고 요괴가 주둔하고 있는 소굴을 향해 날아갔다. 원래 이 험악한 산은 두 요괴가 점령하고 있었고 그들은 친형제로 형은 금각(金角), 동생은 은각(銀角)이라 했다. "형님! 오늘은 재수가 나쁘지 않은데요, 우리가 당삼장을 잡아 왔으니 말이에요!" "나쁘지 않지! 나쁘지 않고 말고! 그의 고기를 먹고 우리 같이 장생불로 하자꾸나! 우리는 한 바탕 축하 파티를 열어야겠다!" 금각은 희색이 만면해서는 말했다.

"可恶的妖魔,我孙悟空现在就来收拾你们了!"银角看到孙悟空出现在面前,立即把挂在身边的葫芦拿出来,问道:"你就是孙悟空吗?""不错,我就是齐天大圣孙悟空。"孙悟空把话刚刚说完,身体就被吸入葫芦里去了。"孙猴子!这次你可死定了!"银角得意地大笑。原来这只葫芦,是一件宝物,使用的人只要叫着对方的名字,而对方贸然答应的话,就会立刻被吸进去。孙悟空吸入以后,就拔下一根猴毛,用

分身术做了一个替身，而自己却变
fēn shēn shù zuò le yí ge tì shēn　ér zì jǐ què biàn
成一只小飞虫，停在葫芦的口边，等
chéng yì zhī xiǎo fēi chóng　tíng zài hú lu de kǒu biān　děng
待机会飞出去。
dài jī huì fēi chū qu

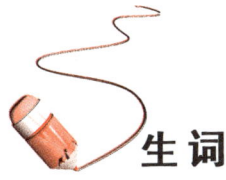生词

- 吸　　　　動 xī 빨아들이다, 들이마시다
- 贸然　　　形 màorán 경솔한, 무턱대고 …한
- 分身　　　fēn shēn 몸을 빼다, 몸을 나누다
- 替身　　　名 tìshēn 대리인, 대역
- 飞虫　　　名 fēichóng 나는 곤충
- 等待　　　動 děngdài 기다리다

"나쁜 요괴야, 나 손오공이 지금 너희를 혼내주러 왔다!" 은각은 손오공이 눈앞에 나타난 것을 보고 곧장 몸에 걸려 있던 조롱박을 꺼내더니 물었다. "네가 바로 손오공이냐?" "그렇다, 내가 바로 제천 대성 손오공이다." 손오공이 말을 막 마치자 몸이 조롱박 속으로 빨려 들어갔다. "원숭이 녀석! 이번에는 네가 죽게 되겠구나!" 은각은 득의 양양하게 웃었다. 원래 이 조롱박은 보물로, 사용하는 사람이 상대의 이름을 불러 상대가 무턱대고 대답하는 말을 하기만 하면 즉시 빨려 들어갔다. 손오공은 조롱박에 빨려 들어간 후, 털을 하나 뽑더니 분신술을 써서 대신할 몸을 하나 만들고는 자신은 나는 곤충으로 변해 조롱박 입구에서 나갈 기회만을 기다리고 있었다.

当这两个妖怪,正兴高采烈在举行庆功宴的时候,孙悟空神不知鬼不觉地潜进里面去。"银角,连那只猴子也抓到手,我真要敬你三大杯哩!"金角说着,就把葫芦揭开,看到孙猴子仍然在里面,就很放心和银角继续喝酒了。但是,已变做小飞虫的孙悟空,却趁机飞走了。正当两个妖魔喝得兴高采烈时,孙悟空却悄悄地把葫芦偷走了。"可恶又可恨的妖怪!你们可要乐极生悲了!"孙悟空大摇大摆地走向筵席面前。两个妖魔一看到孙悟空,吓了一大跳。

生词

- **庆功宴** 〔名〕 qìnggōngyàn 경공연, 공로를 치하하는 연회
- **神不知鬼不觉** shén bù zhī guǐ bù jué 귀신도 모르게, 감쪽같이
- **潜** 〔动〕 qián 숨다, 잠복하다
- **连…也…** lián…yě… …조차도, …까지도
- **敬** 〔动〕 jìng 올리다, 바치다, 공손히 드리다
- **揭开** 〔动〕 jiēkāi 벗기다, 열다
- **悄悄** 〔形〕 qiāoqiāo 조용한, 은밀한
- **可恨** 〔形〕 kěhèn 가증스러운, 원망스러운
- **乐极生悲** lè jí shēng bēi 즐거움 끝에는 슬픈 일이 생긴다 : 낙이 있으면 고생도 있다
- **大摇大摆** dà yáo dà bǎi 어깨를 으쓱이며 걷다, 목에 힘주고 걷다
- **筵席** 〔名〕 yánxí 자리, 술자리

孙悟空…金角大王和银角大王

두 요괴가 신바람이 나서 잔치를 벌이고 있을 때 손오공은 감쪽같이 안으로 숨어 들어갔다. "은각아, 원숭이까지 손에 넣었으니 내가 너에게 술 석 잔을 올려야 겠다!" 금각은 말하고는 조롱박을 열고서 손오공이 여전히 안에 있는 것을 보고 매우 안심하며 은각과 계속해서 술을 마셨다. 그러나 이미 나는 곤충으로 변한 손오공은 기회를 이용해 날아갔고 두 요괴가 흥이 나서 술을 마실 때 조용히 조롱박을 훔쳐 와서는 "괘씸하고도 가증스러운 요괴들아! 너희들의 즐거움도 이것으로 끝이고 이제는 혼 좀 나봐라!" 손오공은 목에 힘을 주며 술자리 앞으로 걸어갔고 두 요괴는 손오공을 보고 깜짝 놀랐다.

"金角!银角!你们的死期到了!"孙悟空大声喊叫。两个妖怪很生气,就骂道:"你这臭猴子,是什么东西?金角大王和银角大王的名字,也是你叫的吗?"这话刚说完,"飕"的一声,两个妖怪就被吸进葫芦里去了。孙悟空除掉了这两个妖怪后,就把师父和两个师弟救了出来。他们四人,终于又在一起了,大家心里甭提多高兴了。一行人,继续踏上了遥远的旅途。

生词

- **死期** 　　動 sǐqī 죽는 시기, 죽을 때
- **臭** 　　形 chòu 추악한, 나쁜, 역겨운
- **除掉** 　　動 chú diào 제거하다, 제외하다
- **师弟** 　　名 shīdì 후배, 사제
- **终于** 　　副 zhōngyú 결국, 마침내
- **大家** 　　代 dàjiā 모두
- **甭** 　　béng… 할 필요 없다 ☞ 圓 不用

● 孙悟空…金角大王和银角大王

"금각! 은각! 너희들의 죽을 때가 되었다!" 손오공이 크게 소리치자 두 요괴는 매우 화가 나서 "이 나쁜 원숭이 같으니, 뭐하는 녀석이냐? 금각대왕과 은각대왕의 이름 또한 네가 불렀느냐?" 이 말을 막 마치자 '휙'하는 소리가 나더니 두 요괴는 조롱박 속으로 빨려 들어갔다. 손오공이 두 요괴를 제거한 후에 사부와 두 동생들을 구해냈다. 그들 네 사람은 결국 또 함께하게 되었고 모두들 얼마나 기쁜지는 말할 필요조차 없었다. 일행은 계속해서 머나 먼 여정에 올랐다.

화염산

照季节推算,现在应该是秋凉时节了。但是走着走着,觉得浑身热极了。"一定是那座山在作怪!"孙悟空往前指着,大家抬头远望,看到远处有一座山,正在熊熊燃烧。住在附近村庄的人告诉他们:"这座山叫做火焰山,一年四季大火烧不停,所以这么热。除非能借到罗刹女的芭蕉扇,否则,火就不能扑灭,而你们也无法走过去。""这太容易了,我就去借芭蕉扇吧!"孙悟空说着,就驾起筋斗云,找罗刹女去了。

● 孙悟空…火焰山

生词

- **照** 〈介〉 zhào …에 따라, …대로
- **推算** 〈動〉 tuīsuàn 추산하다, 계산하다
- **秋凉** 〈名〉 qiūliáng 가을의 서늘하고 상쾌한 날씨
- **浑身** 〈名〉 húnshēn 온 몸, 전신
- **作怪** 〈動〉 zuòguài 해를 끼치다, 나쁜 영향을 끼치다
- **熊熊** 〈形〉 xióngxióng 불이 활활 세차게 타오르는 모양
- **燃烧** 〈動〉 ránshāo 연소하다, 타오르다
- **火焰** 〈名〉 huǒyàn 불꽃, 화염
- **一年四季** yì nián sì jì 일년 사계절, 일년 내내
- **烧** 〈動〉 shāo 태우다, 불사르다
- **烈火** 〈名〉 lièhuǒ 맹렬한 불, 사나운 불길
- **除非** 〈連〉 chúfēi 다만 …해야만, 오직 …하여야
- **芭蕉扇** 〈名〉 bājiāoshàn 파초선
- **扑灭** 〈動〉 pūmiè 박멸하다, 잡아 없애다

　　계절 대로라면 현재는 마땅히 서늘한 가을 날씨여야 하는데 앞으로 갈수록 온 몸이 무척 덥게 느껴졌다. "틀림없이 저 산 때문일 거야!" 손오공이 앞을 가리키자 모두 고개를 들어 바라보니 먼 곳의 산에 불이 활활 타오르고 있는 것이 보였다. 부근 마을 사람들이 이르길 "이 산은 화염산(火焰山)으로 일년 내내 큰불이 쉬지 않고 타올라서 이렇게 더운 거요. 나찰녀(羅刹女)의 파초선(芭蕉扇)을 빌릴 수 있어야만 하지, 그러지 않고는 불을 끌 수 없고 당신들도 지나갈 방법이 없습니다." "이렇게 된 이상, 제가 파초선을 빌리러 가겠습니다." 손오공은 말하고서 근두운을 몰고 나찰녀를 찾아갔다.

罗刹女长得非常美丽,而心肠却很坏。尽管孙悟空说尽好话,罗刹女硬是不肯买帐。她说:"凭着你这种丑怪的样子,就想借我的芭蕉扇吗?去你的吧!"说着,把扇子轻轻一挥,孙悟空的身体,就像一片树叶似的,被吹得老远老远。

生词

- **尽** 　　動 jìn 다하다, 다 없어지다
- **好话** 　名 hǎohuà 좋은 말, 유익한 말
- **硬是** 　副 yìngshì 아무리 해도, 고지식하게
- **买帐** 　動 mǎizhàng 인정하다, 복종하다
- **凭** 　　動 píng 의지하다, 의거하다
- **丑怪** 　形 chǒuguài 용모가 못생기고 괴상한
- **扇子** 　名 shànzi 부채
- **似的** 　助 …shìde …와 같다, 비슷하다
- **片** 　　量 piàn 얇고 작은 사물이나 작게 조각난 부분을 세는 단위
- **树叶** 　名 shùyè 나뭇잎

　　나찰녀는 외모는 매우 아름다웠지만 마음씨는 오히려 나빴다. 손오공이 좋은 말을 다하였는데도 나찰녀는 결코 응하려 하지 않았다. 그녀는 "너의 이렇게 못생기고 괴상한 모습만 믿고 나의 파초선을 빌려 달라고? 가거라!" 말하고서 부채를 가볍게 흔들자 손오공의 몸은 나뭇잎처럼 멀리 멀리 바람에 의해 날아갔다.

挥动着芭蕉扇所刮起的这阵风,的确厉害无比。吹呀吹呀!竟把孙悟空吹到另外一座高山上去。

"这个可恶的罗刹女,非得好好教训她不可!"悟空说着又跑回罗刹女的屋外,然后变成只小飞虫,飞进屋里。她正在大厅里喝茶,悠闲自得的样子。孙悟空趁着她一时没有注意,飞进茶碗里,然后随着茶水,一骨碌就钻进她肚子里面。"喂!快把扇子借给我!不然,我就要打破你的肚子了!"悟空一面说,一面在肚子里乱蹦乱跳,使得罗刹女忍受不了,只好哀声求饶,答应把芭蕉扇借给孙悟空。

孙悟空⋯火焰山

生词

- **挥动** 〔动〕 huīdòng 흔들다, 휘두르다
- **的确** 〔副〕 díquè 확실히, 정말, 분명히
- **非得…不可** fēiděi…bùkě …하지 않으면 안 된다, 반드시 …해야 한다
- **教训** 〔动〕 jiàoxun 가르치고 타이르다, 훈계하다
- **大厅** 〔名〕 dàtīng 대청, 홀
- **悠闲自得** yōu xián zì dé 유유자적하다
- **杯子** 〔名〕 bēizi 잔
- **一骨碌** 〔象声〕 yìgūlu 후닥닥, 벌떡
- **不然** 〔连〕 bùrán 그렇지 않으면
- **打破** 〔动〕 dǎpò 타파하다, 때려부수다
- **乱跳** 〔动〕 luàntiào 마구 날뛰다
- **忍受** 〔动〕 rěnshòu 참다, 견디어내다
- **不了** …buliǎo …할 수 없다
- **求饶** 〔动〕 qiúráo 용서를 빌다, 용서를 구하다

파초선을 흔들며 불러일으킨 바람은 비할 바 없이 참으로 굉장했다. 불고 또 불어서 결국 손오공을 다른 산까지 불어 갔다. "이런 괘씸한 나찰녀, 그를 혼내 주지 않으면 안되겠는걸!" 오공은 이렇게 말하고서 다시 나찰녀의 집으로 돌아간 후에 작은 벌레로 변해 집안으로 날아들어 갔다. 그녀는 대청에서 유유자적한 모습으로 차를 마시고 있었다. 손오공은 그녀가 잠시 소홀한 틈을 이용해 잔 속으로 뛰어 들었고 후에, 마시는 차를 따라서 꿀꺽 배속으로 들어 갔다. "이봐! 빨리 부채를 나에게 빌려 줘! 그렇지 않으면 곧 네 배를 엉망으로 만들테다!" 오공은 한편으론 말하고 한편으로는 배속에서 마구 날뛰어 나찰녀를 견딜 수 없게 해 그녀는 애원하는 목소리로 용서를 구하며 파초선을 빌려주는 것을 허락할 수밖에 없었다.

孙悟空兴高采烈地拿着芭蕉扇,来到火焰山。他挥动着扇子,不但没有把火熄灭,反而越扇火势越旺。"糟了!这芭蕉扇是假的!真的一定藏起来了。"孙悟空想到这里,就恨得牙痒痒的,他准备找罗刹女算账。正在这时候,土地神出现了。土地神对他说:"你千万要小心啊!罗刹女的丈夫就是牛魔王呀!""什么?是牛魔王!这个家伙倒真难缠哩!我小心就是了。土地公公,谢谢你了!"

生词

- **不但**   连 búdàn …뿐만 아니라
- **熄灭**   动 xīmiè 불을 끄다, 꺼지다
- **扇火**   动 shānhuǒ 부채로 불을 부치다
- **旺**   形 wàng 세력이 성한, 왕성한
- **糟**   动 zāo 잘못되다, 야단나다
- **痒痒**   形 yǎngyǎng 가려운, 근질근질한
- **算账**   suàn zhàng 결판을 내다, 끝장을 내다
- **小心**   动 xiǎoxīn 조심하다, 주의하다
- **倒**   副 dào 오히려, 도리어
- **难缠**   形 nánchán 다루기 어려운, 성가신

손오공은 신이 나서 파초선을 들고 화염산으로 와 부채를 흔들었는데 불이 꺼지지 않을 뿐만 아니라 오히려 부채질할수록 불길은 더욱 세졌다. "야단났다! 이 파초선은 가짜야! 진짜는 숨겨놓은 것이 분명해." 손오공은 이처럼 생각하여 증오심에 불타 이가 근질근질거렸고 나찰녀를 찾아 끝장을 보려 했다. 바로 이 때, 토지신이 나타나 그에게 말하길 "너는 부디 조심해야 한다! 나찰녀의 남편이 바로 우마왕(牛魔王)이니라!" "뭐라고? 우마왕이라니! 그 녀석은 정말 다루기 어려운데! 조심해야 되겠군. 토지신님! 정말 감사합니다!"

"要怎样才能得到芭蕉扇呢？"

孙悟空真聪明。想了半天，终于想出一个办法来了。他现在摇身一变，成牛魔王的摸样，就大模大样走到罗刹女身前，轻而易举地便把芭蕉扇拿到手。扇子拿到手中，孙悟空赶快溜走，但没多久，真正的牛魔王却回来了。牛魔王回到家中，看到妻子在哭哭啼啼。问明原委，才知道芭蕉扇让孙悟空骗走了，气得哇哇大叫。孙悟空拿着芭蕉扇，正高高兴兴赶往火焰山。走到半路上，猪八戒突然迎面而来。

生词

- **聪明**　　　形 cōngmíng 총명한, 영리한
- **大模大样**　dà mú dà yàng 느긋한 모양, 의젓한 모양
- **轻而易举**　qīng ér yì jǔ 가벼워서 들기 쉽다 ☞ 매우 수월하다.
- **哭哭啼啼**　kūkūtítí 하염없이 훌쩍거리다
- **原委**　　　名 yuánwěi 경위, 자초지종
- **骗**　　　　动 piàn 속여 빼앗다, 사취하다
- **迎面**　　　动 yíng miàn 얼굴을 마주하다, 얼굴을 향하다

"어떻게 해야 파초선을 가져올 수 있을까?" 손오공은 정말 총명했다. 한참 동안 생각한 끝에 마침내 방법 하나를 생각해 냈다. 바로 몸을 돌려 우마왕의 모습으로 변신하더니 느긋하게 나찰녀 앞으로 걸어가 간단히 파초선을 손에 들었다. 부채를 손에 넣은 손오공은 재빠르게 슬그머니 도망쳤으나 얼마 안 가서 바로 우마왕이 돌아 왔다. 우마왕이 집에 돌아 와 아내가 훌쩍거리며 울고 있는 것을 보고 자초지종을 물은 후에야 비로소 손오공이 파초선을 속여 빼앗아간 것을 알고 화가 나서 크게 울부짖었다. 손오공은 파초선을 매고 매우 기뻐하며 서둘러 화염산으로 갔다. 가던 도중에, 저팔계가 갑자기 정면으로 다가왔다.

"师兄!你借到芭蕉扇啦?""你瞧!不就在这儿吗?"孙悟空得意地说。"师兄真是了不起!借我看一看好吗?"孙悟空刚把扇子交到猪八戒手里,猪八戒却立刻变做牛魔王。原来牛魔王想要收回芭蕉扇,就先变做猪八戒,在半路上等着孙悟空。果真,这一招使孙悟空上了当,而芭蕉扇也就被收回了。牛魔王对着芭蕉扇念了一下咒语,扇子就越缩越小了,等

到缩成像一片树叶那般大小的时候，
他就把它咬在嘴里。然后拔出刀来，
向悟空猛砍过去。

生词

- 瞧　　　动 qiáo 보다, 구경하다
- 了不起　形 liǎobuqǐ 뛰어난, 굉장한
- 交　　　动 jiāo 건네다, 넘기다
- 收回　　动 shōuhuí 회수하다, 되찾다
- 果真　　副 guǒzhēn 과연, 진실로
- 招　　　动 zhāo 초래하다, 야기 시키다
- 上当　　动 shàngdàng 속임수에 걸리다, 속다
- 缩　　　动 suō 줄어들다, 수축하다

"형님! 파초선을 빌렸어요?" "봐라! 바로 여기 있지 않느냐?" 손오공은 의기 양양하게 말했다. "형님은 정말 대단하십니다! 제가 한 번 봐도 되나요?" 손오공이 막 부채를 저팔계의 손에 건네주자 저팔계는 즉시 우마왕으로 변해 버렸다. 원래 우마왕이 파초선을 되찾으려고 먼저 저팔계로 변신해 도중에 손오공을 기다리고 있었던 것이다. 그대로 손오공은 속임수에 걸리게 되었고 파초선도 회수 당했다. 우마왕은 파초선을 향해 짧게 주문을 외웠고 부채는 줄일수록 작아져 나뭇잎처럼 크기가 줄어들었을 때 그것을 입에 물었다. 그러한 후에, 칼을 뽑더니 오공을 향해 세차게 내리쳤다.

猪八戒看到孙悟空久久没有回来，放心不下，就一路寻找过来。这时，正看见他们打得难分难解。于是，立即挥动着钉耙，两面夹攻。牛魔王眼看招架不住，急忙变成一只鸟，飞出重围。"八戒！你和悟净，立刻赶到他们的洞穴那里，把大小妖怪都除掉。"孙悟空吩咐着，然后自己变做一只老鹰，奋翼腾空，就急急忙忙追赶牛魔王去了。

孙悟空…火焰山

生词

- **夹攻**   名,动   jiāgōng 협공(하다)
- **眼看**   副   yǎnkàn 곧, 순식간에
- **急忙**   形   jímáng 급한, 바쁜
- **重围**   名   chóngwéi 이중 삼중의 포위망, 겹겹의 포위망
- **吩咐**   动   fēnfu 분부하다, 시키다
- **奋**   动   fèn 흔들다, 치켜들다
- **翼**   名   yì 날개
- **腾空**   动   téngkōng 공중으로 오르다

저팔계는 손오공이 오래도록 돌아오지 않자 마음을 놓지 못하고 도중에 찾아 왔는데 이 때, 그들이 서로 맞붙어서 싸우는 것을 보게 되었다. 이리하여 즉시 갈퀴를 휘두르며 양쪽에서 공격하였고 우마왕은 순식간에 당해낼 수 없게되자 급히 한 마리 새로 변해 포위망을 빠져나갔다. "팔계야! 너는 오정이와 함께 당장 저들의 동굴이 있는 곳으로 가서 크고 작은 요괴들을 모두 없애 버려라!" 손오공은 분부를 내린 후에, 자신은 매로 변해 날개를 치켜세우고 공중으로 날아오르더니 급히 우마왕을 뒤쫓아갔다.

牛魔王一看孙悟空追了过来,就飞落地面,变成一只鹿。孙悟空立刻又变做老虎,张牙舞爪猛扑过去。牛魔王心里害怕,又赶快变成一只凶猛的大豹。悟空变得更快,立刻变成一头狮子,要咬猛豹。那豹就地一滚,又变做一头大熊。大熊怒吼着,扑向狮子。哪知狮子一转眼间,又变做一头大象。最后牛魔王变成一只大白牛,身体像山一样高。这就是牛魔王的原形。原来他是由大白牛所变成的妖精。这时,孙悟空也叫一声"变!"把自己的身体不断变高,变得跟天一样。牛魔王看看苗头不对,就一直往天上跑。

● 孙悟空⋯⋯火焰山

生词

- 追　　　　動 zhuī 쫓다, 뒤따르다
- 鹿　　　　名 lù 사슴
- 猛扑　　　動 měngpū 사납게 달려들다, 갑자기 덮치다
- 豹　　　　名 bào 표범
- 狮子　　　名 shīzi 사자
- 熊　　　　名 xióng 곰
- 怒吼　　　動 nùhǒu 포효하다
- 哪　　　　副 nǎ 어찌, 어떻게 ☞ 반문할 때 쓰인다.
- 象　　　　名 xiàng 코끼리
- 不断　　　副 búduàn 끊임없이, 부단히
- 苗头　　　名 miáotou 조짐, 전조

우마왕은 손오공이 쫓아오자 땅으로 내려가서 사슴으로 변했고 손오공도 즉시 호랑이로 변해 이빨을 드러내고 발톱을 치켜세우며 사납게 달려들었다. 우마왕은 무서워서 재빨리 사나운 표범으로 변했고 오공은 더 빠르게 당장 사자로 변해 표범을 물려고 했다. 그 표범은 땅을 구르더니 다시 큰곰으로 변해 포효하며 사자에게 달려들었다. 알지 못하는 사이 사자가 순식간에 다시 큰 코끼리로 변했다. 마지막으로 우마왕은 큰 백소로 변해 몸이 산처럼 커졌다. 이것이 바로 우마왕의 본모습이며 원래 그는 백소가 변신한 요괴였다. 이 때, 손오공 역시 '변해라!'라고 외치더니 자신의 몸을 끊임없이 크게 해서 하늘처럼 높아졌다. 우마왕은 조짐이 심상치 않다고 보고 계속해서 하늘을 향해 달렸다.

牛魔王只跑到半空中,没有想到,就被一群天兵天将挡住了去路。"看来,我真是无路可走了!"牛魔王叹了一口气,就俯首就擒了。正被猪八戒及沙悟净合力围攻的罗刹女,这时获知牛魔王被擒的消息,也只好乖乖投降了。其实,牛魔王和他的妻子罗刹女,武艺和法术都很高强,对孙悟空来说,可以说是自从护送唐三藏取经以来,最为难缠的对手。但是邪不压正,牛魔王虽有通天的本领,结果还是被打败了。

● 孙悟空…火焰山

 生词

- **挡住** 　动 dǎngzhù 저지하다, 막다
- **去路** 　名 qùlù 가는 길, 진로
- **看来** 　副 kànlai 보기에, 보아하니
- **俯首** 　动 fǔshǒu 머리를 숙이다, 고개를 수그리다
- **合力** 　动 hélì 힘을 합치다
- **获知** 　动 huòzhī 소식을 알게 되다
- **乖乖** 　形 guāiguāi 순종하는, 순한
- **其实** 　副 qíshí 사실은, 실제는
- **护送** 　动 hùsòng 호송하다
- **邪** 　形 xié 바르지 못한, 그릇된
    - ☞ 邪不压正 : 그릇된 것은 정의를 누르지 못한다.
- **通天** 　形 tōngtiān 하늘에 닿을 만큼 큰, 탁월한
- **打败** 　动 dǎbài 패전하다, 지다

　　우마왕은 공중으로 달리기만 하다 생각지도 못하게 일대의 천병천장에 의해 가는 길이 막혀버렸다. "보아하니 내가 도망 갈 길이 없구나!" 우마왕은 한숨을 쉬고 나서 머리를 숙이고 사로잡혔다. 저팔계와 사오정에게 포위공격을 당한 나찰녀는 우마왕이 잡혔다는 소식을 알게 되었고 자신 또한 순순히 투항할 수밖에 없었다. 사실상 우마왕과 나찰녀는 무예와 술법 모두 뛰어나 손오공의 말대로 당삼장을 호송해 불경을 구하러 나선이래 가장 어려운 상대라 할 수 있었다. 그러나 사악함이 정의를 누르지 못하는 법, 우마왕이 비록 뛰어난 기량을 가지고 있다 해도 결과적으로 패하게 되었다.

孙悟空拿着芭蕉扇来到火焰山,朝着熊熊烈焰,猛力扇了三下,火焰就慢慢减弱了;接着吹起一阵凉风,又开始下起雨来,终于把火焰山的火完全熄灭了。"从今以后,这里的百姓都能够安心生活了!"土地神兴奋地说。后来,牛魔王被天神送到如来佛那里,朝夕念经,忏悔罪孽。

而罗刹女却留在火焰山上，悔改向善，一心修行。俗话说："放下屠刀，立地成佛。"牛魔王和罗刹女一身罪孽，到了最后终能大彻大悟，也算是很难得的了。

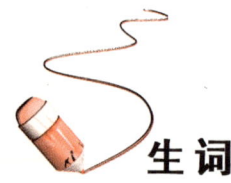

生词

- 烈焰　　　名 lièyàn 맹렬한 불길
- 猛力　　　形 měnglì 센, 강한
- 减弱　　　动 jiǎnruò 약해지다, 누그러지다
- 朝夕　　　名 zhāoxī 아침저녁 ☞ 날마다, 늘
- 忏悔　　　名,动 chànhuǐ 참회(하다)
- 罪孽　　　名 zuìniè 죄업
- 悔改　　　动 huǐgǎi 회개하다, 뉘우쳐 고치다
- 一心　　　名 yìxīn 일심, 한마음, 한뜻
- 修行　　　动 xiūxíng 수행하다, 도를 닦다
- 俗话　　　名 súhuà 속어, 속담
- 屠刀　　　名 túdāo 가축을 도살할 때 쓰는 칼
- 立地　　　副 lìdì 즉시, 당장

- **彻**　　　動 chè 꿰뚫다, 관통하다
- **悟**　　　動 wù 깨닫다
- **算是**　　suànshì 드디어, 마침내
　　　　　　☞ 어느 사실이 많은 노력, 긴 과정을 거쳐서야 실현되었음을 나타낸다.
- **难得**　　形 nándé 얻기 어려운

孙悟空…火焰山

　　손오공이 파초선을 들고 화염산으로 와서는 활활 타오르는 불을 향해 힘껏 부채질을 세 번 하니, 불꽃이 천천히 누그러졌고 이어서 서늘한 바람이 불며 비 또한 내리기 시작해 마침내 화염산의 불은 완전히 꺼져 버렸다. "이제부터 이곳의 백성들 모두 안심하고 생활할 수 있겠구나!" 토지신은 감격하며 말했다. 이 후로, 우마왕은 신선에 의해 여래불이 있는 곳으로 보내졌고 아침저녁으로 불경을 읽어 자신의 죄업을 참회하게 되었고 나찰녀는 오히려 화염산에 남아 회개하여 선하게 되어서는 일심으로 수행했다. 속담에 이런 말이 있다. "백정의 칼을 놓으면 즉시 부처가 된다.(나쁜 사람도 회개하면 즉시 좋은 사람이 될 수 있다)" 우마왕과 나찰녀는 최후에 이르러 마침내는 이치를 꿰뚫고 큰 깨달음을 얻을 수 있었다.

여행의 종결

唐三藏自从离开大唐国的京城，直到现在，经过了十四个年头，真是

一次既长久又艰险的旅行。现在师徒四人，终于将要到达目的地了。

"只要渡过那条河,就要到达如来佛所居住的地方-雷音寺了!"孙悟空兴奋地说。正在这时候,有一条船从对岸划了过来。大家都很高兴,正准备坐上去,一看,吓了一跳,那船是没底的。其实,孙悟空早认出这是如来佛派遣来的,知道没事。他向大家招招手说:"我们上船吧!"当船渡到河中间的时候,唐三藏看到一具漂流在河中的尸体,而那尸体的面目,竟和自己一摸一样。这可把唐三藏吓得魂不附体了。

生词

- **结束**   名,動 jiéshù 종결, 끝나다, 마치다
- **既…又…**   jì…yòu… …일 뿐만 아니라 또…
- **艰险**   形 jiānxiǎn 곤란하고 위험한
- **划**   動 huá 물을 헤치다, 배를 젓다
- **吓**   動 xià 놀라다, 무서워하다
- **认出**   動 rènchū 분별하다, 식별하다
- **招手**   zhāo shǒu 손짓하다, 손을 흔들다
- **漂流**   動 piāoliú 표류하다, 물결 따라 흐르다
- **具**   量 jù 시체, 관 등을 세는 단위
- **面目**   名 miànmù 얼굴 생김새, 용모
- **魂不附体**   hún bú fù tǐ 겁에 질려 넋을 잃다, 혼비백산하다

孙悟空：旅行的结束

당삼장(唐三藏)이 대당국(大唐國)의 수도를 떠나서 지금에 이르기까지 십 사년이 지났고 참으로 길고 오랠 뿐만 아니라 또 험란한 여행이었다. 이제 스승과 제자 네 사람은 마침내 목적지에 도착했다. "저 강을 건너기만 하면 여래불이 거하시는 뢰음사(雷音寺)에 도착할 거예요!" 손오공은 흥분하며 말했다. 바로 이 때, 배 한 척이 반대쪽 강가에서 이쪽으로 오고 있었다. 모두 매우 기뻐하며 막 배를 타려다 보니 깜짝 놀랐다. 그 배는 밑바닥이 없었다. 사실 손오공은 일찌감치 그 배가 여래불이 보낸 것으로 아무 일도 없음을 알고는 모두에게 손짓을 하며 말했다. "배에 올라타세요!" 배가 강 가운데쯤 건너가고 있을 때, 당삼장은 표류하고 있는 시체 한 구를 보았고 그 시체의 생김새가 뜻밖에도 자신과 똑같자 놀라서 혼비백산했다.

孙悟空立刻向他的师父道贺说："那具尸体就是师父自己啊！从现在开始，你已成佛了！恭喜啊！"不久，唐三藏一行来到了雷音寺。"我正在等着你们哩！"如来佛很高兴。对于孙悟空，猪八戒和沙悟净三位师兄弟，一路上的良好表现，如来佛也表示嘉许之意。孙悟空对如来佛的慰勉，也感到兴奋。于是，他们都很虔诚地向如来佛顶礼膜拜。

生词

- **道贺** dào hè 축하하다
- **良好** 形 liánghǎo 양호한, 좋은
- **表现** 名 biǎoxiàn 태도, 품행, 행동
- **表示** 动 biǎoshì 나타내다, 표시하다
- **嘉许** 动 jiāxǔ 칭찬하다
- **慰勉** 动 wèimiǎn 위로하고 격려하다
- **虔诚** 形 qiánchéng 경건하고 정성스러운
- **顶礼膜拜** dǐng lǐ mó bài 정례(頂禮)를 행하다

☞ 정례(頂礼) : 무릎을 꿇고 두 손으로 땅을 짚고 존경하는 사람의 발 밑에 머리를 대는 가장 공경하는 뜻으로 하는 절.

손오공은 즉시 그의 사부를 향해 축하하며 말했다. "저 시체는 바로 사부님이시잖아요! 지금부터는 이미 부처님이 되셨어요! 축하드려요!" 오래지 않아 당삼장 일행은 뢰음사에 이르렀다. "내가 너희를 기다리고 있었노라!" 여래불(如來佛)은 매우 기뻐했다. 손오공, 그리고 저팔계와 사오정 삼형제가 오는 길에 보여준 좋은 행동에 대해 여래불은 또한 칭찬의 뜻을 나타냈고 손오공은 여래불의 위로와 격려에 대해 매우 감격했다. 이리하여 그들은 모두 경건하게 여래불을 향해 정례(頂禮)를 하였다.

如来佛把五千零四十卷的佛经,交给唐三藏。唐三藏一行四人携带着佛经,在八大金刚的护送之下,驾着云回到大唐国的京城－长安。大唐国的百姓,看到唐三藏从西方取经回来,都扶老携幼在街道上欢迎。"有了这些法力无边的佛经,相信一定能够消除国家的灾难的!"大唐国的皇帝高兴得不得了了。第二天,如来佛又派遣八大金刚来到大唐国京城,把唐三藏师徒四人接往天竺,因为唐三藏得道成佛以后,必须回到雷音寺继续修行。

于是，唐三藏师徒就跟随着八大金刚，又回到了雷音寺。
yú shì　táng sān zàng shī tú jiù gēn suí zhe bā dà jīn gāng, yòu huí dào le léi yīn sì。

生词

- **零**　　　数量 líng 영, 공 ☞ 숫자 속에서 빈자리를 뜻한다.
- **卷**　　　量 juàn 권
- **携带**　　动 xiédài 휴대하다, 지니다
- **扶老携幼**　fú lǎo xié yòu 노인을 부축하고 어린이를 이끌다
- **法力**　　名 fǎlì 불법의 힘, 신통력
- **无边**　　形 wúbiān 끝없는, 한없이 넓은
- **消除**　　动 xiāochú 제거하다, 퇴치하다
- **必须**　　副 bìxū 반드시, 꼭

여래불은 오천 사십 권의 불경(佛經)을 당삼장에게 건네주었다. 당삼장 일행 네 사람은 불경을 들고는 팔대금강(八大金剛)의 호송 아래, 구름을 타고 대당국의 수도인 장안(長安)으로 돌아갔다. 대당국의 백성들은 당삼장이 서방에서 불경을 구해 돌아오는 것을 보고 노인이나 어린아이 모두 거리로 나와서 환영했다. "신통력이 한없는 이 불경만 있으면 반드시 나라의 재난을 막을 수 있다고 믿는다!" 대당국의 황제는 매우 기뻐했다. 다음날, 여래불은 다시 팔대금강을 대당국의 수도로 보내 당삼장을 비롯한 사제 네 사람을 천축으로 데리고 갔다. 왜냐하면 당삼장이 득도하여 부처가 된 이후에는 반드시 뢰음사로 돌아가 계속 수행(修行)을 해야 하기 때문이었다. 이리하여 당삼장과 제자들은 팔대금강을 따라서 뢰음사로 돌아갔다.

● 孙悟空…旅行的结束

如来佛把唐三藏和孙悟空都封为"佛",又恢复了猪八戒和沙悟净以及龙马以前在天上的原职。师徒们受封后,都向如来佛叩谢。"师父!现在我已经成佛了,请把我头上的金箍圈拿掉还不行吗?"悟空向唐三藏要求说。唐三藏笑着回答说:"你难道还害怕紧箍咒吗?现在模模你头上吧！"孙悟空伸手一摸，竟高兴地咧着嘴笑了，因为他发现，那只金箍圈，不知在什么时候已经消失了。

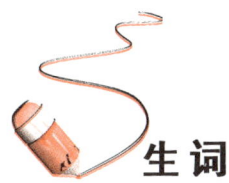

生词

- **原职** 　　名 yuánzhí 원래의 직책
- **叩谢** 　　动 kòuxiè 공손히 절하다, 머리를 조아리며 사례하다
- **难道** 　　副 nándào 설마 …하겠는가, 그래 …란 말인가
- **模** 　　　动 mō 손으로 짚어 보다, 만져 보다
- **咧嘴** 　　liě zuǐ (옆으로) 입을 벌리다
- **消失** 　　动 xiāoshī 사라지다, 없어지다

여래불은 당삼장과 손오공을 '부처(佛)'로 봉하였고 저팔계와 사오정, 그리고 용마 또한 예전 천상에서의 원래의 직책을 되찾았다. 사제는 임명을 받은 후에 모두 여래불을 향해 공손히 절했다. "사부님! 지금은 저도 이미 부처가 되었는데 제 머리에 있는 금테를 떼면 아직도 안 됩니까?" 오공은 당삼장에게 요구하였고 당삼장이 웃으면서 대답하기를 "그래 네가 아직도 긴고주(緊箍咒)를 무서워한단 말이냐? 지금 네 머리를 만져 보아라!" 손오공은 손을 뻗어 만져 보고는 좋아서 입이 벌어졌다. 왜냐하면 그 금테가 언제인지 모르게 이미 사라져 버렸기 때문이었다.

孙悟空…旅行的结束

16년간 오직 외국어만 출판합니다

싱싱 중국어 첫걸음

한국인을 위해 만들었다!

- 표준어로 배우는 가장 쉬운 중국어
- 현지에서 느끼는 살아있는 중국어 문장
- 기초를 확실하게 다질 수 있는 구성
- 순간순간에 어울리는 확실한 표현

북경대학교 이승우 지음 / 4×6배판 / 256면

특별부록
- 간체자 쓰기 교본
- 현지인이 녹음한 TAPE 3개

특별가 8,500원

New 밀레니엄 시리즈

외국어를 새롭게 시작하는 ⓝ세대를 위한
뉴밀레니엄 2000

- 4×6 판 / 224면
- 각 권 TAPE 2개 포함 12,000원

- 우리말 발음을 표기해서 쉽다.
- 발음부터 기본회화, 간단한 문법, 그리고 문화에 대한 Information까지.
- 실생활에 바로 쓰이는 살아있는 대화문.
- 문장에 꼭 필요한 유용한 단어 수록.

중국어
····· 북경표준어 ·····

북경표준어 중국어 첫걸음

- 중국어 첫걸음은 중국어 학습의 선행자로서 여러분이 중국어를 익혀 나가는데 있어 보다 효과적인 바른 중국어 학습법을 제시해 주고자 펴낸 학습서입니다.

- 북경표준어로 작성되었습니다.

• 이승우 저
• 신국판 / 192쪽 / 2도 인쇄 / 카세트테이프 3개

아주 쉽게 중국어를 배울 수 있다!

완전기초 중국어 회화

- 완전기초 중국어회화는 결코 중국어 정복의 지름길을 기술한 학습서가 아니라 중국어 학습의 바른길을 제시한 책입니다.

• 이승우 저
• 신국판 / 192쪽 / 2도 인쇄 / 카세트테이프 3개

저자약력

성신여대 중문과 수료.
북경어언문화대학 연수
북경대학교 법학과 경제법 전공

외국어 출판을 선도하는 (주)동인랑 대표전화 02)929-0700 팩시밀리 02)929-0709

손오공 [孫悟空]

發行日 / 2000년 1월 15일
編著 / 김혜경
發行人 / 인찬호
컴퓨터編輯 / 송명진
挿畵 / 김성민
發行處 / (주)동인랑

우편번호 130-072
서울시 동대문구 용두 2동 731-1
대표전화 02-929-0700, 상담실 929-0704
팩시밀리 02-929-0709
등록 제 6-0406호

出力 / (주)태웅출력시스템
日本販賣 / 삼중당(東京)
美國販賣 / 샘터문고(LA)

본 교재에 수록되어 있는 모든 내용과 사진 등의 무단 전재·복제를 금합니다.
All rights reserved. No part of this book or related audio cassettes maybe
produced or transmitted in any forms or by any means without prior
written permission from the publisher.

ⓒ 2000, Donginrang Co.,Ltd.
ISBN 89-7582-433-0

정가는 표지 뒷면에 있습니다.

인터넷 http://www.donginrang.co.kr
E-mail : donginr@kornet.net
★ **외국어 MP3 서비스 이용방법**
국내 4대통신망(천리안, 하이텔, 유니텔, 나우콤)에서 GO EMP3로 이동 후,
해당 파일을 다운로드

▶ (주)동인랑에서는 참신한 외국어원고를 모집합니다 · · · · · · · · · · · · · · · ·